イスラームを知る

23

アラブ諸国の民主化

2011年政変の課題

Matsumoto Hiroshi
松本 弘

アラブ諸国の民主化　二〇一一年政変の課題　目次

監修：NIHU(人間文化研究機構)プログラム　イスラーム地域研究

「民主化」への視点

二〇一〇年十二月のチュニジアを嚆矢《こうし》として、二〇一一年にアラブ諸国で連鎖した政変は「アラブの春」と呼ばれた。この呼称は、権威主義体制が長く続き民主化が遅れていたアラブ諸国に、ようやく体制変革や政治改革が生じたことを積極的に評価し、その後の展開への期待も込めたものであった。事実、民主的な新体制を整備した国や、大きな変化をもたらす憲法改正を実施した国はある。しかし、より多くの国々は形式的な政治改革にとどまり、実質的な変化がみられない事例、あるいは深刻な混乱や内戦状態に陥り、むしろ状況が悪化した事例などによって占められている。

「アラブの春」において期待された民主化と、その期待を裏切るような以後の展開を、われわれはどのように理解すればよいのか。途上国の民主化プロセスについては、西欧近代の経験をモデルとして、それと同様な展開をとるといった「単線経路」が否定されてすでに久しい。民主化への移行と定着は国や地域によって異なり、そこに多様性を認めることはもはや常識となっている。例えば、ラテンアメリカの民主化事例に対しては、大統領が圧倒的な支持を背景に、あたかも国民から無条件の委任を受けたかのように大きな権限を行使する「委任型民主主義」(delegative democracy)という評価が示されている。また、東南アジアの事例に対しては、民主化後に混乱や停滞が生じるものの、決して以前のような権威主義体制にもどるわけではない状態を指して、「揺らぎ」(careening)という表現が用いられている。[1]

アラブ諸国の事例も、このような多様性のなかで考えるべき問題であることは論を待たない。しかし、多様性を認めることは国や地域に固有な状況を重視することとなり、結果として民主化に関わる事例間・地域間の比較や世界的な現象としての評価を困難にしてしまう。多様性と比較研究の間の二律背反的な関係については、現在まで長い議論が続いている。[2] 筆者に民主化研究の一般的な理論やアプローチを扱う能力はないが、アラブ諸国を事例対象とする本書において、以下のような視点を試みたい。

西欧の経験を含めて、すべての民主化プロセスには「波」があるのではないか。民主化が進行する事例と停滞する事例があるのではなくて、個々の事例のなかに民主化が進行または定着する場面と停滞または後退する場面があり、しかも多くの場合これが繰り返されるのではないか。そうであるならば、われわれがとらわれやすい陥穽《かんせい》は、民主化が進行する場面ではそのままずっと進むようにみえ、逆に後退する場面では民主化が終わったかの

1 O'Donnell, G., 'Delegative Democracy', *Journal of Democracy*, 5-1, January 1994, pp.55-69. Slater, Dan, 'Democratic Careening', *World Politics*, 65-4, October 2013, pp.729-763.

2 例えば，武田康裕『民主化の比較政治——東アジア諸国の体制変動過程』ミネルヴァ書房，2001，岸川毅・岩崎正洋編『アクセス地域研究１　民主化の多様な姿』日本経済評論社，2004，恒川惠市編『民主主義アイデンティティ——新興デモクラシーの形成』早稲田大学出版部，2006 を参照。

ようにみえてしまうことだと思う。われわれには、過去や現在の各場面を「波」の一部として、動態的・連続的にとらえる注意が必要となるだろう。

ラテンアメリカの「委任型民主主義」や東南アジアの「揺らぎ」も、そうした「波」やそのなかのある局面をあらわしているといえる。ならば、民主化プロセスの多様性をこの「波」に求める試みも可能となるのではないか。事例による「波」の周期や振幅の違い。「波」はしだいに小さくなってなんらかの着地点に収斂していくのか、それとも大きくなる一方で混乱や不安定が深刻化していくのかといった展開の違い。そして、なぜそのような「波」が生じるのかという理由。このような「波」の形態やその背景を確認する作業は、民主化プロセスの多様性を説明するとともに、事例間の比較のための共通性や差異性を浮き出させる可能性をもっている。

アラブ諸国の民主化事例を扱う本書において、筆者はこのような「波」の視点からその政治変化や問題点を考察する試論を提示したい。そのために必要な前提を三点、ここで確認しておく。第一に、「アラブの春」という呼称はその後の展開および「波」という視点からすると、本書にとって適当な表現とはいいがたい。それゆえ、本書では「アラブの春」をその発生時期から「二〇一一年政変」と呼び、これを考察や評価のための重要な材料としつつ、アラブ諸国全般に関わる民主化を論じることとする。

第二に、アラブ諸国とは便宜的にアラブ連盟加盟国（二一カ国とパレスチナ自治政府）を指す場合が多いが、本書ではそのなかのモーリタニア・ソマリア・ジプチ・コモロを対象からはずす。無論、これら四カ国の民主化も興味深い問題であるのだが、本書の対象は中東地域のアラブ諸国にかぎる。その理由は、中東を民主化研究のなかの一地域として設定し、その大半を占めるアラブ諸国の事例を扱いたいためである。上記四カ国は中東地域に含まれないため、本書においては割愛することとした。

第三に、湾岸協力会議（以下GCC）に加盟しているサウジアラビア、クウェート、アラブ首長国連邦（以下UAE）、カタル、バハレーン、オマーンの六カ国の政治制度を、コラムにて解説する。二〇一一年政変や過去の民主化に関わる政治変化は、他の国々と同様に本編にて記述する。しかし、GCC諸国の政治制度は、他の国々とは大きく異なる特殊なものとなっている。それゆえに、これも重要なテーマであるのだが、紙数の制約により本書ではコラムでの簡潔な説明にとどめた。[3]

本書は、NIHU（人間文化研究機構）プログラム「イスラーム地域研究」の東京大学拠点「中東・イスラーム諸国の民主化」研究班の成果の一部である。この研究班は東京大学拠点のホームページ上に、「中東・イスラーム諸国　民主化データベース」を掲載してい

3「アラブ」や「中東」の範囲は，さまざまな定義や立場により異なる。本書が対象とするアラブ諸国は，モロッコ・アルジェリア・チュニジア・リビア・エジプト・スーダン・ヨルダン・シリア・レバノン・イラク・イエメン・サウジアラビア・クウェート・カタル・バハレーン・UAE・オマーンの計17カ国とパレスチナ自治政府とする。また，これにイスラエル・トルコ・イランを含めた範囲を本書における中東地域とする。

る(巻末の参考文献を参照)。中東のみならず多くのアジア諸国を含めて、二〇一四年九月現在二九カ国の情報、解説を気鋭の研究者が執筆している。本書も、このデータベースの内容を多く活用している。研究班に参加しデータベースを執筆いただいたみなさんに、この場をお借りして感謝申しあげたい。

第1章　二〇一一年政変の経緯

各国事例の概観

　二〇一一年政変から四年が経過し、多くの研究がすでに示されている。しかし、各国の情勢は依然として流動的であり、その全体像に対する評価はいまだ困難な状況にある。もともと、二〇一一年というタイミングや、大規模な反政府デモが特定のイデオロギーに依拠せず、「反不正」の主張に特化して大統領の辞任や政治改革を求めたこと、インターネットや携帯電話のソーシャル・ネットワーク・サービスが活用されたこと、軍が政権と反政府デモの対立から距離をおいたことを除き、各国の事例に共通点は見出せなかった。これらの共通点はいずれも政変発生当初のもので、各国ごとのその後の展開に直接影響したものではなく、とくにその後の軍の政治的役割などは事例間で大きな違いが生じていく。要するに、政変の具体的な展開や内容となると、すべての事例に共通する特徴は存在しない。

しかし、すべてではなくとも、複数の国に共通する特徴は確認できる。それゆえ、より多くの国に該当する特徴を抽出していけば、二〇一一年政変について現時点での整理が可能となろう。最初に、政変が発生した順番で各国の政治変化を簡潔に記述する。

〈チュニジア〉　二〇一〇年十二月十七日、無許可で青果を販売していたとして逮捕された青年が焼身自殺をとげた。この事件は腐敗した政権を非難するデモや暴動に発展し、翌一一年一月十四日にザイン・アービディーン・ベンアリ大統領がサウジアラビアに亡命して、政権は崩壊した(ジャスミン革命)。三月九日、裁判所より旧与党の立憲民主連合(ＲＣＤ)に解党命令が出され、六月二十日にはベンアリとその夫人に対する欠席裁判が、両名に公金横領による禁錮三五年の判決をくだした。十月二十三日に制憲議会選挙が実施され、イスラーム政党のナフダ党(またはアンナハダ党、エンナーダ党)が第一党を占めた。

しかし新憲法の草案作成は、ナフダ党などのイスラーム主義勢力と世俗的な民族主義勢力との対立から遅々として進まなかった。一三年二月と七月には野党の指導的政治家が暗殺され、反政府派と政府支持派のデモが繰り返される政治危機に発展した。労働組合や市民団体の仲介により十二月にナフダ党内閣が辞職し、新内閣のもとで世俗主義的な憲法草案が作成され、一四年一月二十六日に制憲議会にて承認された。

〈ヨルダン〉　チュニジア大統領が亡命した一月十四日、左派政党や労働組合による物価高騰に抗議するデモが首都アンマンなどで発生し、そのあとにはムスリム同胞団の政党であるイスラーム行動戦線党（ＩＡＦ）が政府を批判するデモを組織化した。ＩＡＦによるデモは大規模化し、地方都市にも波及した。アブドゥッラー二世国王は首相更迭と新内閣の成立を繰り返し、政府は新たな経済政策や憲法および選挙法の改正を実施したが、デモは断続的に続いた。翌一二年十月五日、任期を二年残して国王は議会を解散し、一三年一月二十三日に下院総選挙が実施された。ＩＡＦは選挙をボイコットし、国王支持派が大半を占める無所属が定数一五〇議席中一二三議席を獲得した。

〈イエメン〉　一月十六日、首都のサナア大学で約三〇〇人によるアリー・アブドゥッラー・サーレハ大統領辞任要求デモが発生した。デモは数日中に数万人規模に拡大し、地方都市にも波及した。三月十八日の政府によるデモ弾圧以降、与党政治家や軍将校の一部が政権から離反し、五月には部族勢力と治安部隊の武力衝突およびイスラーム過激派による南部の都市占拠が生じ、イエメン情勢はその混迷を深めた。

十一月二十三日、サーレハ大統領はＧＣＣの調停文書に署名し、その権限をアブドラッボ・マンスール・ハーディー副大統領に委譲した。調停文書に従い、与党の国民全体会議（ＧＰＣ）は諸野党と挙国一致内閣を形成し、翌一二年二月二十一日には大統領選挙（議会が指名した候補者一人に対する信任投票）が実施されてハーディーが当選した。これ以降、二年間の移行期間内に新憲法制定・大統領選挙・議会選挙をおこなうこととなった。しかし、その予定は大幅に遅れ、国民和解と政治改革のための包括的国民対話会議は一三年三月にようやく設置された。この会議は一四年一月に合意文書を発表し、一年以内に新憲法の制定と選挙を実施するとしている。

〈オマーン〉　一月十七日、首都マスカットで約三〇〇人が政府の腐敗を非難するデモをおこなった。マスカットでのデモが断続的に続くなか、二月二十六日には地方都市ソハールで約二〇〇〇人のデモが発生し、デモはそのほかの地方都市にも拡大した。カーブース国王はGCCからの財政支援をえて、公務員給与の引き上げや社会保障拡充などの政策をおこなう一方、汚職の疑惑があった閣僚を更迭した。罷免された閣僚は二九人中二〇人におよんだが、検察庁は証拠不十分で汚職容疑での起訴を見送った。

その後デモは縮小し、五月十二日のデモ参加者一斉逮捕により抗議活動は収束した（逮捕者は国王特赦により釈放）。十月十五日、任期満了にともなう諮問評議会（コラム01参照）選挙が実施され、デモの活動家三人が当選した。十月十七日、勅令により基本法（憲法に相当）が改正され、オマーン議会に法案提出権（立法権に相当）が付与された。

〈アルジェリア〉　二〇一〇年から物価高騰に抗議するデモや暴動が各地で発生していたが、チュニジアの政変を受けて一月二十二日に「民主主義と変化のための国民連携」（CNCD）

が組織化され、新たに政治経済改革を求める大規模なデモが続いた。二月二十二日、政府は一九年続いた非常事態宣言を解除し、アブデルアジィズ・ブーテフリカ大統領は四月十五日に、憲法改正を含む包括的な政治改革のための委員会を設置した。

この委員会の提言にもとづく下院定数の拡大や女性議員枠の設置、政党法の改正などの政治改革案は八月に議会で可決されたが、大統領三選禁止規定などが期待された憲法改正は見送られた。[1] 一二年五月十日、任期満了にともなう下院総選挙が実施され、連立与党の民族解放戦線(FLN)が定数四六二議席中二二一議席、同じく連立与党の民主国民連合(RND)が七〇議席を獲得して上位二党を占めた。一四年四月十七日、大統領選挙にて現職のブーテフリカが当選し、四選をはたした。

〈エジプト〉 インターネットなどで呼びかけられていた反政府デモが、一月二十五日に首都カイロ中心部のタハリール広場で発生し、一月二十八日にはデモ隊と治安部隊の衝突で多数の死者を出した。デモ隊はタハリール広場を占拠し、デモ参加者は全国で一〇〇万人に達したといわれた。二月十一日、ムハンマド・フスニー・ムバーラク大統領は辞任し、軍最高評議会が暫定政府を担った(一月二十五日革命)。

三月三十日、軍最高評議会は憲法宣言[2]によって暫定憲法(三月十九日実施の国民投票により承認)を発布し、四月十六日には最高行政裁判所より旧与党の国民民主党(NDP)に解党

1 もともとアルジェリアの憲法は，大統領の三選禁止を規定していた。しかし，2008年にその規定を撤廃し，任期に制限を設けない憲法改正がおこなわれた。これは，当時2期目のブーテフリカ大統領の出馬を可能とさせるためのもので，ブーテフリカは翌09年の大統領選挙に出馬し，三選をはたした。

2 エジプトの憲法や法律には，現在にいたるまで「憲法宣言」に関わる規定はない。1952年のエジプト革命(7月26日革命)時に革命評議会によって出されたのが最初で，憲法が停止されている状態で，最高権力者が発令する憲法と同等な権限を有する決定事項と一般には理解されている。

命令が出された。八月三日には、ムバーラクとその息子二人に対する裁判が開始された。九月二十五日、軍最高評議会の憲法宣言により選挙法が改正され、その規定にそって十一月二十八日から翌一二年一月十一日にかけて人民議会(下院)選挙が、一月二十九日から二月十五日にかけて諮問評議会(上院)選挙が実施された。選挙結果は、いずれも第一党がムスリム同胞団の政党である自由公正党、第二党がサラフィー主義(後述)のヌール党となり、イスラーム政党が上位二党を占めた。三月には、ムスリム同胞団がNGOとして認可され、一九五四年以来の非合法状態に終止符を打った。

五月二十三、二十四日に大統領選挙が実施され、その上位二人による決選投票が六月十六、十七日におこなわれた。その結果、ムスリム同胞団のムハンマド・ムルシー自由公正党党首が大統領に当選した。この間の六月二日、ムバーラクに対しデモ参加者殺害の罪で終身刑の判決がくだされ(一三年四月、やりなおし裁判開始)、六月十四日には最高憲法裁判所が改正選挙法に対して違憲判決をくだし、人民議会選挙を無効とした(軍最高評議会が人民議会を解散)。[3] 八月十二日、ムルシー大統領は憲法宣言により軍最高評議会の議長および副議長を解任し、後任の議長にアブドルファッターハ・スィースィー少将を任命。十二月十五日および二十二日、国民投票によりイスラーム色の強い新憲法案が承認された。

一三年三月からムルシー大統領の辞任を求める署名運動「タマッルド」(反抗)が始まり、

[3] 人民議会選挙は当初，政党が参加する比例代表制と無所属候補が参加する小選挙区制の並立制が予定されていた。しかし，ムスリム同胞団がこれを受け入れず，軍との交渉の結果，小選挙区制にも政党からの候補者が参加できるように変更された。この変更点に対して，違憲判決がくだされた。

急速に拡大した。この運動は、大統領就任一周年にあたる六月三十日を辞任の期限とし、同日にタハリール広場での大規模なデモを準備した。推定ではあるが、署名は二〇〇〇万人、六月三十日のデモ参加者は全国で二〇〇万人に達したといわれた。ムルシー大統領は辞任を拒否したまま、七月三日にスィースィー国防相兼総司令官率いる軍により逮捕・解任された。ムスリム同胞団の幹部多数も逮捕され、最高憲法裁判所長官を暫定大統領とし、スィースィー総司令官を副首相兼国防相とする暫定政権が発足した。ムスリム同胞団の支持者はカイロ郊外ナセル・シティのラーバア・アダウィーヤ広場とカイロ大学前のナフダ広場を占拠して抗議運動を続けたが、八月十四日に治安部隊により排除され、多数の死者を出した。同日、非常事態宣言と夜間外出禁止令が出された(のちに解除)。

九月二十三日、裁判所がムスリム同胞団と自由公正党に対して活動禁止命令を出し、十一月四日にはムルシーらムスリム同胞団幹部に対する裁判が開始された。さらに十二月二十五日には、前日の爆弾テロ事件を受けて、暫定政府はムスリム同胞団をテロ組織に指定した。翌一四年一月十四、十五日、宗教政党の禁止などを規定した憲法改正案に対する国民投票が実施され、承認された。五月二十六日から二十八日にかけて大統領選挙がおこなわれ、スィースィーが当選した。

〈バハレーン〉 二月四日、エジプトの反政府デモに呼応する小規模な集会が、首都マナーマでおこなわれた。バハレーン民主化の始まりとなった二〇〇一年国民行動憲章の十周年にあたる二月十四日にも、政府の腐敗を非難するデモが生じたが、警官隊に排除されて死者二人を出した。翌十五日、この死者二人の追悼集会で参加者と警官隊との衝突が生じ、集会の参加者はマナーマの真珠広場を占拠した。同日、下院の最大会派であるシーア派政治団体、国民イスラーム協約協会(以下ウィファーク、下院定数四〇議席中一八議席)が、デモへの参加を表明した。

政府はGCCからの財政支援をえて、全世帯への現金支給などをおこなったが、デモ隊は増加を続け、イスラーム主義および左派の政治団体もデモに参加した。治安部隊によるデモ隊への攻撃が開始されると、汚職の元凶とされるハリーファ首相(ハマド国王のおじ)の辞任や政治改革を求めていたデモ隊から、王制の打倒も叫ばれる事態となった。ウィファークは政府による弾圧に抗議して、所属する下院議員全員が辞職した。三月十四日、バハレーンはGCCに「半島の盾軍」(GCC合同軍)の派遣を要請し、サウジアラビア軍一〇〇〇人がマナーマに進駐した。これとは別に、UAEの警官五〇〇人も到着した。バハレーンの治安部隊がデモ隊を排除し、翌十五日にハマド国王は三カ月間の非常事態を宣言した。

非常事態は予定より早い六月一日に解除され、七月には政府により国民対話が開催された。ウィファークは当初この国民対話に参加したが、政府と対立して途中で参加を取りやめた。九月に実施された下院の補欠選挙も、ウィファークはボイコットした。十一月二十三日、デモに関わる独立調査委員会はデモ隊に対する過度の武力行使があった旨の報告書を公表した。反政府デモはその後も断続的に続いている。

〈リビア〉　二月十五日、東部の都市ベンガジで、ムアンマル・カッザーフィー最高指導者の辞任を求めるデモが発生した。このデモは弾圧されたが、翌十六日から東部の各都市で反政府デモや蜂起が続いた。ベンガジを拠点とする反体制派と政府軍との武力衝突は拡大し、反体制派は三月五日に国民評議会を発足させて、自らを正当な政府と位置づけた。三月十九日より多国籍軍による政府軍への空爆が開始され、二十七日には北大西洋条約機構（ＮＡＴＯ）に指揮権が移った。八月には首都トリポリが陥落して、カッザーフィー政権は崩壊した。カッザーフィー自身も、十月二十日に反体制派によって殺害された。十月二十三日、国民評議会は全土の解放を宣言し、新生リビア共和国の暫定政府を担った。

翌一二年七月七日、制憲議会選挙が実施された。無所属の議員が多数を占めたが、政党別では世俗主義の国民勢力連合（ＮＦＡ）が第一党となり、議会はアリー・ザイダーンを首相に指名した。しかし、内戦時の反体制派武装勢力がそのまま割拠する状態が続いており、地域的な対立が深刻化している。そうしたなか、九月十一日にベンガジのアメリカ領事館がイスラーム過激派に襲撃され、アメリカ大使ら四人が殺害された。

一四年六月、制憲議会にかわる暫定議会の選挙が実施され世俗主義の勢力が勝利すると、イスラーム主義の各勢力がこれに反発した。議会および政府は治安を維持できないトリポリやベンガジから離れ、エジプト国境に近いトブルクに移るという異常事態となった。七月からイスラーム主義武装勢力はトリポリ・ベンガジを攻撃し、政府機関などを含む主要な街区を制圧した。

〈パレスチナ〉　二月から西岸の各地で、西岸を支配するパレスチナ民族解放運動(以下ファタハ)とガザを支配するイスラーム抵抗運動(以下ハマース)の統一政府樹立を求めるデモが断続的に続いた。その後、三月十五日に各地でいっせいにパレスチナの分裂状態に対する抗議行動をおこなう呼びかけがなされた。五月四日、ファタハとハマースは自治政府議長および立法評議会の選挙実施のための暫定統一政府形成に合意し、翌一四年六月二日に統一政府の樹立を発表した。

〈サウジアラビア〉　二月中旬から十一月にかけて、東部州でシーア派住民によるデモが断続的に発生した。アブドッラー国王は二月に公務員給与の増額、雇用創出、住宅ローンや奨学金の拡充などの経済政策を発表し、三月には実施が二年延期されていた地方諮問評議会選挙の実施を発表した。選挙は九月におこなわれ、さらに一五年に予定される次期地方諮問評議会選挙から女性参政権を認めるとの発表もあった。

〈モロッコ〉　従前からさまざまなデモがおこなわれていたが、インターネットなどで二月二十日のデモ開催が呼びかけられた。同日、不正を糾弾し政治改革を求める大規模なデモが、全国各地でいっせいに生じた（二月二十日運動）。この反政府デモに対し、ムハンマド六世国王は三月九日に憲法改正による政治改革を発表した。三月二十日には、この公約の実現を求める大規模なデモがふたたびおこなわれた。国王の権限縮小などを規定した改正憲法案は、七月一日に国民投票により承認された。十一月二十五日、下院の総選挙が前倒しで実施され、イスラーム政党の公正発展党（ＰＪＤ）が初の第一党を獲得して、アブディラ・ベンキラン党首が首相に指名された。

〈シリア〉　三月中旬、地方都市のダラアやハマー、ハサカ、首都ダマスカスでバッシャール・アサド大統領の退陣を求めるデモが発生した。デモは各地に拡大し、しだいに暴動や武装蜂起に発展するなか、三月三十一日に政府は四八年間続いた戒厳令を解除した。しかし、四月に入って反体制派と政府軍による内戦状態に突入した。

アサド政権は、野党の選挙参加を認めるなどの憲法改正をおこない、二〇一二年二月二十六日の国民投票でこの改正憲法は承認された。五月七日、改正憲法にもとづく人民議会選挙が実施されたが、野党および反体制派は選挙をボイコットし、与党バアス党が議席の過半数を占めた。一方、反体制派は十一月十一日に、シリア国外の影響力が強かったシリア国民評議会にかわり、シリア国民連合（ＮＣＳＲＯＦ）を反体制派を代表する組織として結成した。一四年六月三日に大統領選挙が実施され、野党および反体制派のボイコットのなか、アサド大統領が三選した。同年八月時点で、内戦による死者は累計一九万人と推定されている。

二〇一一年政変に含まれない事例

以上の国々のほかに、二〇一一年政変の影響を受けたとはいえないアラブ諸国が六カ国ある。次に、この六カ国の政治状況についても簡潔に記述する。

〈レバノン〉　二〇〇五年二月、ラフィーク・ハリーリー首相が暗殺されると、その黒幕とされたシリアに対する批判が高まり、大規模な抗議運動が展開された。その結果、一九九〇年の内戦終結以降レバノンに駐留していたシリア軍が四月に撤退し、レバノンはシリアの実効支配から解放された。この政変は「杉の木革命」または「独立インティファーダ」と呼ばれたが、その後は各宗派を横断する反シリア派（三月十四日勢力）と親シリア派（三月八日勢力）の熾烈な対立に陥り、政治的停滞や混乱が続いた。また、現在のシリア内戦はレバノンに深刻な影響をおよぼし、シリアとの関係をめぐる国内対立の先鋭化や難民の流入、シーア派の政党ヒズブッラーによるアサド政権支援のためのシリア派兵などが生じている。
〈イラク〉　二〇〇三年イラク戦争後に民主化がなされ、新憲法制定から二回の総選挙を経験した。政府は、いずれもシーア派・クルド人・スンナ派の政治勢力による連立政権で、首相はシーア派のヌーリー・マーリキーが務めてきた。民主化以降、さまざまなデモがおこなわれているが、近年ではマーリキー政権のスンナ派を軽視・冷遇する政策に抗議するスンナ派住民のデモが活発化していた。そうしたなか、一四年六月にイスラーム過激派の「イラクとシャームのイスラーム国」（ＩＳＩＳ、後述）が北部の都市モスルを占拠し、スンナ派地域の諸都市やクルド人自治区にその勢力を広げた。八月、アメリカ軍が過激派への空爆を開始するなか、マーリキー首相は退陣し、シーア派のハイダル・アバーディーが首相に指名された。
〈スーダン〉　二〇〇五年、長く対立を続けたバシール政権と南部のスーダン人民解放運動（ＳＰＬＭ）が包括的和平合意を結んだ。合意にともない一〇年に実施された大統領選挙と議会選挙で、バシール大統領と与党の国民会議党（ＮＣＰ）が勝利すると、翌一一年一月には南部の独立を問う住民投票がおこなわれ、九八・八三％の賛成で独立が承認された。七月九日、スーダンより南スーダン共和国が分離独立した。

〈クウェート〉　二〇〇六年に議会の選挙法が改正され、それまでの定数二人の二五選挙区から定数一〇人の五選挙区に区割りが変更された（議会定数五〇議席＋首相・閣僚）。これは、以前から批判されていた国王支持派に有利な区割りを、選挙区を大きくすることで解消しようとしたものだった。しかし、国王が議会を解散して新たな選挙区で臨んだ二〇〇八年総選挙において、政府批判派の当選議員が増加すると、国王は議会の解散と総選挙を繰り返すこととなる（形式的には、手続きの不備などを理由とした憲法裁判所による無効判断）。〇九年から一三年まで四回の総選挙がおこなわれ、国王と政府批判派の対立は深刻化した。とくに一二年十月には、国王による議会解散の直後に投票を連記制から単記制に変更する勅令[4]が出され、政府批判派による大規模な抗議デモと治安部隊との衝突が発生した。政府批判派は一三年七月の総選挙をボイコットし、選挙結果は国王支持派が大半を占める無所属が三〇議席を獲得した。

〈UAEおよびカタル〉　UAEでは、二〇一一年三月にハリーファ大統領（アブダビ首長）およびほかの首長らに対し、政治改革を求める建白書が出され、これにたずさわった活動家ら五人が逮捕される事件があったが、その後に大きな影響は与えなかった。カタルにおいては、一三年六月にハマド首長がタミーム皇太子に譲位したが、ほかに特筆すべき政治変化はない。

[4] クウェートでは選挙区の定数が2人であった時期は，有権者が2票まで投票できる完全連記制をとっていた。定数が10人になると，有権者は4票まで投票できる制限連記制に移行した。勅令はこの制限連記制を廃止し，有権者が1票を投票する単記制に変更するものであった。クウェートの有権者はまず保守的な国王支持派に投票し，2票目以降に政府批判派に投票する例が多かったため，単記制は政府批判派に不利といわれている。

レバノン・イラク・スーダン・クウェートが二〇一一年政変の影響を受けなかったのは、それぞれ杉の木革命、イラク戦争後の民主化、南スーダンの分離独立、繰り返される議会解散と総選挙という、一一年以前から始まっていた大きな政治変化の渦中にあったことが大きい。無論、一一年にレバノンでは宗派制度を批判するデモ、イラクでは生活改善を訴えるデモ、スーダンではバシール大統領退陣を要求するデモ、クウェートではビドゥーンと呼ばれる無国籍者による反政府デモが生じており、これらを二〇一一年政変と関連づける例もある。しかし、これらのデモは単発的であり、各国のその後の政治変化も二〇一一年政変に影響されたものとはいえない。それゆえ、本書ではこれら四カ国を二〇一一年政変の対象国とはしなかった。UAEとカタルの場合は、石油・天然ガス収入を背景とした豊かな国民生活が、民主化などの政治変化や政治改革の要求を生み出さない社会状況を維持していると指摘できる。

共通項の抽出

表1は、二〇一一年政変の各国事例にみられる政治変化の特徴を整理したものである。筆者が特徴としてあげたのは、反政府デモ・政権交代・内戦・外国軍の介入・憲法改正(新憲法の制定を含む)・選挙の実施(任期満了によるものも含む)・イスラーム政党の七つで

あり、これら七項目に各国が該当するか否かをあらわしている。該当する場合は○、しない場合は×となっているが、判断が困難または微妙な場合は△とした。反政府デモがすべての国で生じていることは、二〇一一年政変の性格から当然であるが、パレスチナとサウジアラビアの事例は、ほかの国々の規模や深刻度と同等なものとは判断できないため、両者を△とした。反政府デモの次に多いのは憲法改正・選挙の実施・イスラーム政党であり、該当事例の少ないのが政権交代・内戦・外国軍の介入である。

二〇一一年政変に関わる報道では、政権の崩壊例としてチュニジア・エジプト・リビア・イエメンの四カ国が大きく扱われた。たしかにチュニジアとエジプトは大統領の亡命ないし辞任のみならず、旧与党の解体や大統領の裁判もおこなわれたし、リビアは体制自体が崩壊し、最高指導者も殺害された。イエメンのサーレハ前大統領も、これら三カ国と同様にその在任期間は長期にわたり、抵抗を続けたものの結局は辞任を余儀なくされた。しかし、イエメンの場合は大統領辞任後の政府は与野党連立の挙国一致内閣で、大統領選挙で当選したのはサーレハ政権時の副大統領であった。政権与党は連立与党(閣僚の半数を占める)として存続し、かつサーレハは現在なおその党首を務めている(現大統領は同党の幹事長)。

	反政府デモ	政権交代	内戦	外国軍介入	憲法改正	選挙の実施	イスラーム政党
モロッコ	○	△	×	×	○	○	○
アルジェリア	○	×	×	×	×	○	○
チュニジア	○	○	×	×	○	○	○
リビア	○	○	○	○	△	○	○
エジプト	○	○	×	×	○	○	○
ヨルダン	○	×	×	×	△	○	○
シリア	○	×	○	×	△	△	×
パレスチナ	△	×	×	×	×	×	○
サウジアラビア	△	×	×	×	×	○	×
バハレーン	○	×	×	○	△	△	○
オマーン	○	×	×	×	○	○	×
イエメン	○	△	△	×	△	○	○

▲表1　2011年政変における各国事例の特徴(筆者作成)

このような展開では、ほかの三カ国と比較して、イエメンで政権の交代が生じたとはいいがたい。イエメンを政権交代の事例に含めるのであれば、国王の権限が依然として強い状況にあるとはいえ、憲法改正と総選挙によって初のイスラーム政党による政権が誕生したモロッコも、これに該当すると判断できる。それゆえ、イエメンとモロッコを△とした。

内戦はリビアとシリアを○としたほか、イスラーム過激派が南部の一部地域を占拠し、政府軍と交戦中のイエメンを△として加えた。介入は、政府軍攻撃のためNATOの空爆を受けたリビアと、体制擁護のためGCC合同軍(サウジアラビア軍)が進駐したバハレーンの二例である。これら政権交代・内戦・介入は既述のように少数例であり、二〇一一年政変に関わる大きな特徴とは評価できない。当然のことながら、大きな特徴は互いに関係する憲法改正・選挙・イスラーム政党という多数例から見出される。

憲法改正

憲法改正については、エジプトが軍最高評議会による暫定憲法、ムルシー政権による新憲法、その後の暫定政権による改正憲法の三つを制定した。チュニジアが新憲法を制定、モロッコ・ヨルダン・シリア・バハレーン・オマーンが憲法を改正し、リビアとイエメンは新憲法を準備中で、アルジェリアは政府が憲法改正に言及しながら実施しなかったという状況となっている。準備中のリビアとイエメンは△であるが、そのほかにもヨルダン・シリア・バハレーンを△とした。

シリアは内戦中の改正であり、そもそも内容や意義を評価できるような事例ではない。シリアは、アラブ社会主義バアス党（以下バアス党）の実質的な一党支配の状態にある。バアス党は憲法で「社会と国家を指導する党」と規定され、小規模の左派政党九党と翼賛的な政党連合である進歩国民戦線を形成している。ほかの政党（野党）の設立や活動は認められているが、議会選挙にはこの進歩国民戦線と無所属の立候補者しか参加できない。大統領選挙は、議会が指名した候補者一人に対する信任投票であった。シリアの憲法改正は、バアス党に対する「社会と国家を指導する党」という規定を削除し、議会選挙に野党の参加を可能とするとともに、大統領選挙も複数の候補者による選挙とするというものであった。このような改正が通常の政治状況のなかでおこなわれ、選挙にも変化があらわれたのであれば、もちろん評価の対象となる。しかし、国を二分する内戦の最中に政権側のみの一方的な作業で憲法改正がおこなわれ、議会選挙と大統領選挙も野党および反体制派がボイコットするなか、政権側の国民のみによって実施された。

二〇一二年の人民議会選挙は、定数二五〇議席で進歩国民戦線が一六八議席、そのうちバアス党は一三四議席で、以前とほぼ同じ結果となった。二〇一四年の大統領選挙は三人の候補者でおこなわれたが、当選したアサド大統領の得票率は八八・七%であった。要するに、憲法改正による政治改革と選挙による支配の正統性をアピールしただけのものにすぎず、民主化との関わりで議論するような性質のものではない。

ヨルダンとバハレーンもまた、政治的な混乱の最中に政治改革をアピールするためにおこなわれた憲法改正であったといえる。ヨルダンでは二〇一一年十月に憲法改正を、翌年七月に選挙法の改正をおこなった。改正憲法では憲法裁判所の設立や独立した機関による総選挙の監視などが規定されたが、反政府デモが求めていた首相任命などに関する国王権限の縮小は盛り込まれなかった。改正選挙法には、比例代表制の導入と議会定数の一二〇議席から一五〇議席への増加などが規定された。しかし、ヨルダン最大の政党であるイスラーム行動戦線党は、以前から選挙区での連記制の復活を求めていたが[5]、これは盛り込まれず、同党は二〇一三年の下院選挙をボイコットした。

バハレーンでは、二〇一一年七月の国民対話を受けて、国王が翌年一月に憲法改正案の作成を議会に指示した。五月、国王は議会にて可決された改正案を裁可し、改正憲法が公布された。しかし、その内容は下院の政府への監督権拡大などにとどまり、公約であった政府に対する議会権限の強化にはほど遠いものであった。要するに、ヨルダンとバハレーンの憲法改正には実質的な政治変化はみられない。

[5] ヨルダンでは1993年の選挙法改正で，選挙区での投票が完全連記制から単記制に変更された。完全連記制では選挙区の定数まで投票できるため(定数は選挙区により異なる)，有権者が国王支持の無所属の立候補者と野党の立候補者の双方に投票することができた。しかし，1人1票の単記制によって，野党への投票が減少したとされる。このため，イスラーム行動戦線党は1997年以降の下院選挙のほとんどをボイコットしている。

けれどもエジプト・チュニジア・モロッコ・オマーンの憲法改正には、それぞれに大きな変化や意義が認められる。エジプトの二〇一一年暫定憲法は軍最高評議会が憲法宣言によって、新体制への移行期間における選挙などを規定したものであるので、実質的な憲法改正は翌年のムルシー政権下での新憲法作成から始まる。エジプト初のイスラーム政党による政権によって制定された憲法であるので、イスラーム主義にもとづく規定が盛り込まれた。旧憲法のシャリーア（イスラーム法）を主要な法源とする規定をそのまま引き継ぎ、新たにアズハル機構（アズハル・モスクとアズハル大学を頂点とする各種宗教組織の監督機関）のなかの大ウラマー会議（高位のウラマーをメンバーとする協議機関）に、シャリーアに関わる問題の諮問をおこなうことが義務づけられた。規定自体は曖昧さを残しているものの、それはイスラームに関わる立法や法の運用に対するアズハル機構の関与を意味している。

これにより、イスラームに関わるものであるかぎり、議会における立法や政府によるその運用には、アズハル機構による「シャリーアに反しているか否か」という判断が必要になる。その一方で、国防相には軍総司令官が就任することが明記され、また軍の予算は議会の審議を必要としないことや、軍に敵対する犯罪では民間人を軍事法廷で裁くことが可能と判断できる条文が新たに加えられた。これはムルシー政権の軍に対する配慮であり、政権と軍の緊密な関係をあらわしていた。

しかし、二〇一三年七月に軍はムルシー大統領を解任し、暫定政権を実質的に担うこととなった。その暫定政権による憲法改正では、一転して宗教政党の禁止が明記された。シャリーアを主要な法源とする規定はそのまま踏襲されたが、アズハル機構への諮問に関わる規定は削除され、イスラーム色の排除がはかられた。ただし、サラフィー主義のイスラーム政党であるヌール党と建設発展党は、改正憲法のもとでも従前どおり活動している。一方、軍への配慮はむしろ大きくなり、大統領選挙実施による正式な政権の成立から二期八年間は国防相の指名に軍最高評議会の承認が必要となった。さらに、軍の予算は議会の審議を必要とせず、軍が直接攻撃された場合は民間人でも軍事法廷で裁かれることが、前憲法よりも明確に規定された。このほかには、人民議会に女性議員枠を設けることなどがつけ加えられている。

チュニジアでは制憲議会の成立以来、新憲法の草案をめぐってイスラーム主義勢力と世俗主義勢力が激しく対立していた。首相を出したナフダ党を中心とするイスラーム主義勢力は、よりイスラーム色の強い憲法を求め、世俗主義の野党などがこれに強く反発する状況が続き、草案の作成・提出は延期が繰り返された。しかし、二〇一三年七月のエジプトにおけるムルシー政権の崩壊は、チュニジアのイスラーム主義勢力に変化をもたらした。いわばエジプトの事例を反面教師として、これ以降ナフダ党などは妥協の姿勢をみせはじめる。野党などとの合意に時間はかかったが、二〇一四年一月に世俗主義を基調とするリベラルな新憲法が制定された。それはチュニジアを市民国家と位置づけ、人権尊重・男女平等・信教や表現の自由を明記する一方、国教をイスラームと定めながらも、シャリーアに言及する条文は見送られ、逆に他人を不信仰者と名指しすること（タクフィール）を禁止する条文が加えられたことなどに、特徴がみられる。

チュニジアのような新憲法制定ではないが、モロッコとオマーンという二つの王制国家でも、時代を画すような大きな変化をもたらす憲法改正がおこなわれた。モロッコの憲法改正では、国王は下院総選挙の結果第一党の党首を首相に任命することや司法の独立強化、政府により任命されていた州知事を州議会による指名とすること、アマジク語（ベルベル語）の公用語化などが規定された。それまで、首相は国王による任命という規定のみであったため、国王が選挙結果とは無関係に首相を任命する時期が長く続いた。近年になって、選挙結果第一党の党首を首相に任命する例が増えていたものの、そうではない首相任命も依然として存在していた。これが憲法改正によって、国王はつねに選挙結果第一党の党首を首相に任命しなければならなくなった。西欧王制諸国などの憲法では、国王による首相任命のみが規定され、国王が選挙結果第一党の党首を首相に任命することは、あくまで慣例であって法に規定された義務ではない。モロッコは国王による首相任命に条件を明記するという、世界でも稀有な憲法を誕生させたのである。

オマーンの場合は勅令による基本法の改正であり、その内容はオマーン議会への法案提出権付与と、議会の正副議長を国王による任命から議会による選出へ変更することなどであった。オマーン議会とは、普通選挙による諮問評議会(下院に相当)と国王任命による国家評議会(上院に相当)の総称である。議会といっても両評議会に立法権はなく、政府が作成した法案や予算案などを審議して、国王や政府に助言、提言をおこなうことを主たる職務としてきた。オマーン議会に対する法案提出権の付与とは、両評議会が自ら法案を作成して国王に提出できる権利、すなわち実質的な立法権を意味する。法の公布は国王による裁可と勅令によってなされるため、厳密な意味での立法権は依然として国王にあるが、オマーン議会はその前段階における立法作業を担うこととなった。オマーンはクウェート、バハレーンに続き、立法権を有する議会をもつGCCで三番目の国となったのである。

新憲法を準備中のイエメンの場合は、二〇一一年以前からの懸案であった選挙への比例代表制の導入と、政変後の包括的国民対話会議での合意にもとづく連邦制の導入などがその主たる改正点となると伝えられる。リビアでは政治的混乱の長期化により、憲法起草の準備がまったく進んでいない。

6 イスラーム政党という用語に関わる定義は，いまだ明確にはなっていない。多くのイスラーム諸国の憲法や選挙法が，「特定の地域，言語，民族，宗教などに関わる政党」を禁止しているにもかかわらず，党綱領や公約でイスラームに言及する政党が認可され，活動している。その一方で，一般にイスラーム政党と理解されながら，憲法違反による解党命令を警戒して公式にはイスラームに言及しない政党もある。さらに，世俗主義の政党が選挙対策を含めて，積極的にイスラームに言及する例も多い。
国や政党によって状況がさまざまであるので，イスラームを標榜しているからイスラーム政党であるとは一概にいえない。小杉泰はイスラーム政党の基準として，政党と自己規定し，なんらかのかたちで「政治へのイスラームの適用」を目標としていることをあげている。本書はこの基準を踏まえつつ，選挙に参加している政党または実質的に政党の役割をはたしている政治団体で，一般にイスラーム主義の政治勢力と理解されているものをイスラーム政党とする。小杉泰「イスラームの挑戦か，諸宗教の復興か——現代の宗教と政党を考える」日本比較政治学会編『現代の宗教と政党——比較の中のイスラーム』早稲田大学出版部，2002，21 ~ 27 頁。

選挙とイスラーム政党[6]

政権交代の項目で○を記したチュニジア・エジプト・リビアには、一つの共通点がある。それは、二〇一一年政変までイスラーム政党を禁止していたことである。イスラーム政党が禁じられていた共和制国家はこれら三カ国のみであり、明らかな政権交代や体制の崩壊が生じたのも、これら三カ国のみという展開は非常に興味深い。エジプトではムスリム同胞団の政党である自由公正党やサラフィー主義のヌール党、建設発展党、チュニジアではナフダ党、リビアでは公正建設党が結成され、認可された。[7]

現在なおイスラーム政党が禁止されている国は、政党そのものが禁止されているGCC諸国であるが、そのうちクウェートとバハレーンでは政治団体が認められており、これが実質的に政党の役割をはたしている。そのなかにイスラーム主義の政治団体もそれぞれ複数あり、議会選挙に参加しているため、バハレーンにはイスラーム政党の項目に○を記した。また、政党法がいまだ整備されていないパレスチナでは、一九九五年の選挙法に従って登録した政治団体が実質的な政党として選挙に参加している。パレスチナ・ムスリム同胞団を基盤とするハマースも政治団体として登録され、二〇〇六年立法評議会選挙に参加しているので、パレスチナも○とした。一方、シリアではイスラーム主義を掲げる政党、政治団体が認可されているものの、いずれも小規模であり、かつ野党であるため選挙に参

7 この時期に設立されたイスラーム政党には，似たような名称のものが多い。これは，トルコのイスラーム政党である公正発展党に，いわばあやかったものである。トルコの公正発展党は総選挙で勝利を重ね，長期政権を続けている。アラブ諸国においても，同党のように選挙によってイスラーム政党が政権をとり，かつそれが軍部の介入などで無効とならないという意味を込めたネーミングであるといえる。当時，このような公正発展党への評価は，アラブ諸国で「トルコ・モデル」と呼ばれたが，トルコにおけるこの用語は中央アジア方面へのトルコ政府の外交政策を指している。

加できなかった。それゆえ、シリアは×とした。

表2は、サウジアラビア・UAE・カタル・オマーン・シリアを除き、かつ本書で二〇一一年政変の対象外とした諸国を加えて、アラブ諸国のおもなイスラーム政党を記したものである。表3は、二〇一一年政変以後にこれらのイスラーム政党が参加した議会選挙結果である。チュニジア・モロッコ・エジプトのイスラーム政党はいずれも第一党となったものの過半数に達せず、それぞれ二位以下の政党と連立内閣を組んだ。アルジェリアの「緑のアルジェリア連合」は、認可されたイスラーム政党三党が政党連合を形成して選挙に臨んだものだが、三位に終わり野党となった。リビアの場合は、小選挙区一二〇議席はすべて無所属候補に、比例代表区八〇議席が政党からの候補者に割り当てられた。このため、政党からの当選者は少数となったが、第一党は世俗主義の国民勢力連合が獲得し、イスラーム政党は二位であった。

イスラーム政党を認可

モロッコ	公正発展党
チュニジア	ナフダ党
リビア	公正建設党
スーダン	民衆会議党(ムスリム同胞団)
ヨルダン	イスラーム行動戦線党(ムスリム同胞団)，ワサト党
レバノン	ヒズブッラー，アマル運動(ともにシーア派)，イスラーム行動戦線，イスラミック・グループ(ともにスンナ派)
パレスチナ	ハマース(ムスリム同胞団)
イラク	法治国家連合，イラク国民連合(ともにシーア派の政党連合)，イラク・イスラーム党(ムスリム同胞団)
イエメン	イエメン改革党(略称イスラーハ，ムスリム同胞団)，ハック党，イエメン人民勢力同盟(ともにシーア派)
クウェート	イスラーム立憲運動(ムスリム同胞団)，サラフィー連合，イスラーム遺産復興協会(ともにサラフィー主義)，国民イスラーム連合(シーア派)
バハレーン	ウィファーク，ハック党，ラービタ，アマル(ともにシーア派)，ミンバル(ムスリム同胞団)，アサーラ(サラフィー主義)，シューラー・イスラーム協会(スンナ派ウラマー)

イスラーム政党の一部を非合法化

アルジェリア	認可：平和のための社会運動，イスラーム復興運動，国民改革運動 非合法：イスラーム救国戦線(FIS)
エジプト	認可：ヌール党，建設発展党(ともにサラフィー主義) 非合法：自由公正党(ムスリム同胞団)

▲表2　アラブ諸国におけるおもなイスラーム政党(筆者作成)

とりあえずの整理

内戦と介入が少数例であることは当然として、明確な政権交代も三カ国に終わったことは、やはりラテンアメリカや東欧の民主化事例に比して、地域としての政治変化は小さかったといわざるをえない。憲法改正は、準備中の二カ国を含めて九カ国に達したものの、そのうち実質的な変化をもたらしたものは四カ国にすぎず、これも地域の問題として論じることは難しい。二〇一一年政変の最大の特徴は、各国の政治変化が内容も度合いもさまざまであったことに求められよう。図1は、試みにこれまで述べた二〇一一年政変の各国事例を政治改革の度合いによって分類したものである。決して厳密な基準を用いたものではないが、バハレーンとシリアを例外として、そのほかの諸事例を大きくとらえるならば、共和制国家のほうがより大きな政治改革を実施し、王制国家では政治変化が小さかったと評価できる。

国名	名称	定数	結果
チュニジア	制憲議会選挙（2011.10.23）	定数217	1位：ナフダ党（89議席）
モロッコ	下院選挙（2011.11.25）	定数395	1位：公正発展党（107議席）
エジプト	人民議会選挙（2011.11～12.1）	定数508（うち軍指名10）	1位：自由公正党（213議席） 2位：ヌール党（107議席） ほかに建設発展党13議席
	諮問評議会選挙（2012.1～2）	定数180	1位：自由公正党（106議席） 2位：ヌール党（45議席）
アルジェリア	下院選挙（2012.5.10）	定数462	3位：緑のアルジェリア連合（49議席）
リビア	暫定議会選挙（2012.7.7）	定数200	2位：公正建設党（17議席）

▲表3　2011年政変以後のイスラーム政党の議会選挙結果

出典：イスラーム地域研究「中東・イスラーム諸国　民主化データベース」http://www.l.u-tokyo.ac.jp/~dbmedm06/ および各種資料，報道より筆者作成。

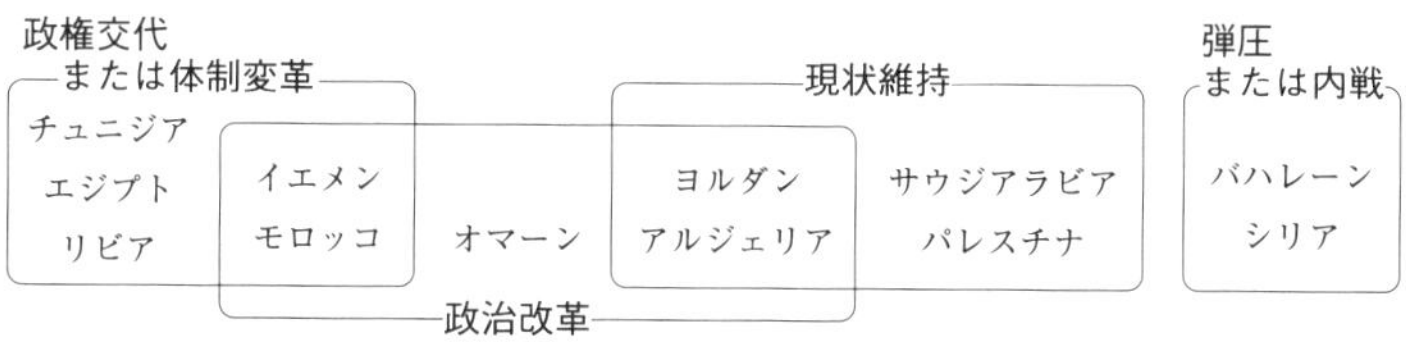

▲図1　政治改革の度合いによる2011年政変における各国事例の分類（筆者作成）

続いて二〇一一年政変の第二の特徴は、やはり選挙におけるイスラーム政党の躍進に求められる。リビア・アルジェリアのイスラーム政党は野党に終わったとはいえ、チュニジア・エジプト・モロッコでイスラーム政党による政権が誕生したことは、二〇一一年以前には考えられない変化であるといえる。二〇一一年政変の対象である一二カ国のうち、パレスチナを除くじつに一一カ国で選挙が実施された（内戦中のシリアとウィファークの議員辞職による補選であったバハレーンは△とした）。任期満了による予定どおりの選挙はオマーン・ヨルダン・アルジェリアの三カ国で、このほかの八カ国は、政権崩壊後の制憲議会選挙や大統領選挙、議会解散による前倒しの総選挙、延期されていた選挙の実施など、政変に起因して新たに設けられた選挙であった。

イスラーム政党もまた、一二カ国のうちサウジアラビア・オマーン・シリアを除く九カ国で認可されて活動し、選挙に参加している。イスラーム政党を二〇一一年以前から認可していたのが六カ国、二〇一一年政変によって認可されるようになったのが既述の三カ国である。さらに、選挙においてイスラーム政党が重要な役割や影響力をもつことは、二〇一一年政変の対象外としたレバノン・イラク・スーダン・クウェートにおいても変わらない。これら四カ国を加えれば、計一三カ国で選挙とイスラーム政党が政治変化の大きな要因となっている。

次章ではこの選挙とイスラーム政党を中心に、二〇一一年以前のアラブ諸国における政治制度・政治状況の確認をとおして、二〇一一年政変の背景を探ることとしたい。

Column #01

GCC諸国の政治体制・政治制度1

二〇一一年政変でリビアのカッザーフィー政権が打倒されたため、アラブ諸国で特殊な政治体制・政治制度をとるのは、GCC諸国だけとなってしまった。立法権はサウジアラビア・カタルで国王に、クウェート・バハレーン・オマーンで国王と議会に属している。行政権はサウジアラビア・カタル・オマーンで国王に属し、バハレーンで国王と内閣に、クウェートで内閣に属している。しかし、バハレーンとクウェートでは首相は国王による任命で、これまですべて王族が任命されている。両国には議会があるが、議会は立法に特化した存在で、国王任命にもとづく政府とは切り離されている。このため、両国における行政権も、実質的に国王に存する。

カタルの首相も、国王により王族が任命されている。サウジアラビアの首相は閣僚会議議長という位置づけで、国王自身や皇太子が務める。UAEを構成する七つの首長国は国王親政で、UAEの立法権と行政権は七人の首長で構成される最高評議会と連邦大統領に属する。連邦大統領はアブダビ首長の、連邦副大統領兼首相(閣僚評議会議長)はドバイ首長の指定席となっている。オマーンの首相は国王自身が務め、外相・財務相・国防相も兼務している。

サウジアラビア・カタル・UAEには、立法権のない諮問評議会(Majlis Shūra、Shura

Council)が設置されている。これは本文にもたびたび登場するもので、エジプトやイエメンでも立法権のない上院に相当するものとして記される。GCC諸国では政府作成の法案や予算案などを審議し、政府の職務を監督して、国王に助言や提言をおこなう機関とされる。エジプトなどでは、大統領に対する助言となるが、共和制の場合は立法権を有する下院との合同会議で、大統領選挙のための候補者の指名や条約の批准などをおこなう権限も与えられている。

サウジアラビアの諮問評議会は、国レベルおよび州レベルのものが国王任命による議員で構成され、州より下の行政区レベルの地方諮問評議会においてのみ、議員の半数を男性のみの普通選挙によって選ぶ(残り半数は政府による任命)。カタルの諮問評議会も国レベルのものは国王任命で、地方レベルのものに普通選挙が導入されている。UAEのそれは連邦国民評議会と呼ばれ、議員半数を各首長に指名された選挙人が選ぶ制限選挙(間接選挙)によって選び、残り半数を各首長が任命している。

Column #02

GCC諸国の政治体制・政治制度2

クウェート・バハレーン・オマーンでは立法権を有する議会が設置され、そのための選挙も整備されている。クウェートの議会は任期四年の一院制で、議会定数は普通選挙により選出される五〇人に、首相と閣僚を加えた人数となっている。バハレーンの議会は二院制で、普通選挙による下院と国王任命による上院がある（ともに定数四〇、任期四年）。オマーンも二院制だが、諮問評議会と国家評議会という名称のまま立法権が与えられた（第1章参照）ため、サウジアラビアなどの立法権のない諮問評議会と区別が必要である。下院にあたる諮問評議会（定数八四、任期四年）は普通選挙により議員が選ばれ、上院にあたる国家評議会（定数八三、任期四年）は国王により議員が任命される。

ただし、クウェート・バハレーンとオマーンの間には大きな違いが存在する。GCC六カ国すべてで政党が禁止されているが、クウェートとバハレーンでは政治団体が認可され、選挙や議会で実質的に政党と変わらない活動をおこなっている。このため、両国の選挙と政治団体は疑似政党制などと呼ばれ、共和制諸国に劣らない活発な政治活動をおこなっている。また両国の立法は、議会を通過した法案を国王が裁可し、勅令として公布することによって成立する。それゆえ、立法権は国王と議会の二者に属しているのだが、国王が裁可を拒否した場合は、議会は三分の二以上の賛成を以って法の公布をおこなうことができる。

一方、オマーンには結社の自由がほとんどなく、政治団体も労働組合も存在しない。また、議会から提出された法案を国王が裁可し公布することは、クウェートおよびバハレーンと同じだが、国王が裁可を拒否した場合の規定はない。

カタルも二〇〇三年の新憲法制定で、国レベルの諮問評議会を立法権を有する議会とし、議会定数四五人のうち三〇人を普通選挙による選出、残り一五人を国王任命とする制度を規定した。しかし、この規定は現在(二〇一四年)まで実現していない。

司法に関しては六カ国すべてで、国王が最高司法会議といった司法の最高意思決定機関の議長を務め、また裁判官の任命権などを有している。司法の独立は確保されておらず、国王や政府の意向が強く反映される状況となっている。

第2章　民主化の史的背景

民主化の系譜

本章では、二〇一一年以前のアラブ諸国の政治制度・政治状況を確認することにより、二〇一一年政変が生じた史的背景について論じてみたい。二〇一一年政変については、これまでいわば「革命の系譜」といった視点による評価が示されてきた。それはとくにエジプトを事例として、一九一九年革命や一九五二年革命(七月二十六日革命)といった過去の革命と二〇一一年の一月二十五日革命とを比較検討し、現在の状況を評価しようとするものである。しかし、筆者はこれとは別に「民主化の系譜」といった視点を用いたい。

後述するように、過去のアラブ諸国に民主化がなかったわけではない。それはことごとく失敗してきたが、たとえ民主化としては不十分な結果に終わったものであっても、普通選挙や複数政党制の導入など、後戻りできない重要な政治変化をもたらした。そして、そ

[1] Huntington, Samuel P., *The Third Wave: Democratization in the Late Twentieth Century*, Norman: University of Oklahoma Press, 1991. サミュエル・ハンチントン(坪郷實・中道寿一・藪野祐三訳)『第三の波――20世紀後半の民主化』三嶺書房，1995。中東諸国に関しては，この著書の対象である35事例にトルコとスーダンが含まれており，ほかにチュニジア・アルジェリア・エジプト・ヨルダン・イラク・イラン・イエメンに若干の言及がある。

のような政治変化はじつは革命ではなく、冷戦崩壊や湾岸戦争といった外的環境の変化を契機としていた。それゆえ、過去の革命よりも過去の民主化に関わる政治変化を、二〇一一年政変や現在の状況の史的背景として確認する作業から、考察や評価を試みたい。

一九九〇年代から今世紀初頭にかけて、中東は「民主化の第三の波に乗り遅れた」といわれた。この「第三の波」とは、一九九一年発行のハンチントンの著書のタイトルであり、[1] 著書の内容である二十世紀後半の世界的な民主化傾向と、冷戦崩壊以降のさらなる民主化事例をあわせて意味している。アラブ諸国を含む中東がこれに「乗り遅れた」という表現は、民主化の時期が遅かったということではなく、民主化が生じなかった、または政治変化は生じたものの、その内容は民主化と評価するには不十分なものであったということを意味している。

民主化という観点からは厳しい評価を受けるが、同じ

	アラブ諸国	ラテンアメリカ・アジア・東欧・アフリカ	備考
1976	エジプト		
1977			
1978			
1979		エクアドル	
1980		ペルー	
1981			
1982		ボリビア，ホンジュラス	
1983		トルコ，アルゼンチン	
1984		ウルグアイ	
1985			ゴルバチョフ書記長就任
1986	スーダン	グアテマラ，フィリピン	
1987		台湾，韓国	
1988	チュニジア	スリナム	
1989	アルジェリア，レバノン，ヨルダン	東欧 6 カ国，パラグアイ	マルタ宣言
1990	イエメン，シリア	チリ，アフリカ諸国	ソ連の一党独裁放棄，湾岸危機
1991	オマーン		湾岸戦争，ソ連解体
1992	モロッコ，クウェート，サウジアラビア，バハレーン	タイ	
1993			
1994			
1995			
1996	パレスチナ，カタル		
1997			
1998		インドネシア	

▲表 4 「民主化の第三の波」とアラブ諸国（筆者作成）

時期にアラブ諸国の多くもまた大きな政治変化を経験している。表4は、「民主化の第三の波」とアラブ諸国で生じた民主化に関わる政治変化の発生年をあらわしたものである。一九七六年のエジプトおよび八六年のスーダンがより早いが、ほかのアラブ諸国は「第三の波」の諸国と同じく、やはり冷戦崩壊前後の一九八〇年代末から九〇年代前半に集中している。表4以降の事例としては、二〇〇三年イラク戦争以後のイラクの民主化がある。まずは、これらの政治変化をその後の展開も含めて簡潔に記述する。

各国の状況

〈エジプト〉　サダト大統領は一九七四年に、一党独裁であったアラブ社会主義連合(ASU)の内部において、左派・中道派・右派の三つの政治勢力が独自に活動することを認め、七六年の総選挙では各派ごとに候補者が立てられた。選挙結果はサダト率いる中道派が圧勝した。選挙後の七七年には、政党法によって複数政党制が正式に認められ、中道派は国民民主党となって、アラブ社会主義連合の資産の大半を引き継いだ。しかし、もっとも自由な選挙であったのはこの七六年選挙といわれており、以後は政府による各政党への規制や言論統制、たび重なる選挙制度の改変により、民主化は停滞した。

サダトはイスラエルとの和平に反対するムスリム同胞団を弾圧し、八一年にイスラーム過激派により暗殺された。以後、南部において政府軍と過激派との内戦状態が続き、カイロなどではテロ事件が頻発した。

〈スーダン〉　一九八五年のクーデターののち、八六年に民政移管がおこなわれ、マフディー文民政権が成立した。しかし、八九年のクーデターにより崩壊し、バシール政権が成立。九八年に新憲法が制定されたが、九九年に非常事態を宣言し、憲法を停止して議会を解散。二〇〇〇年総選挙では、主要野党がボイコットしたため、与党である国民会議党が議席をほぼ独占した。

〈チュニジア〉　一九七八年の暴動ののち、八一年に左派政党の認可をおこなって複数政党制へ移行したものの、野党は議席がとれない状態が続いた。八七年にブルギバ大統領を追放して成立したベンアリ政権は、翌八八年の憲法改正および国民憲章制定により、民主化の姿勢を打ち出した。しかし、その後ベンアリの終身大統領化など、権威主義体制が強化された。ようやく九三年に選挙法改正がおこなわれ、九四年総選挙で史上はじめて野党が議席を獲得した(一六三議席中一九議席)。二〇〇三年に再度選挙法が改正され、〇四年総選挙で野党の獲得議席が拡大(一八九議席中三〇議席)されたが、制度的にこの議席数が限界であった(後述)。

〈アルジェリア〉　一九八八年十月暴動の翌八九年に新憲法が制定され、複数政党制へ移行。

九一年十二月の総選挙第一回投票でイスラーム救国戦線(以下FIS)が大勝したが、翌年一月に軍が介入して選挙を無効とし、三月にはFISを非合法化した。その直後から内戦状態に陥ったが、九五年に大統領選挙、九六年に国民投票による憲法改正(二院制導入など)、九七年に下院総選挙がおこなわれ、内戦は鎮静化した。FISは非合法のままであるが、ほかのイスラーム政党は認可された。

〈レバノン〉　一九七五年以降の第二次内戦が、八九年のターイフ合意[2]により収拾されたのち、九二年に二〇年ぶりの総選挙を実施した。

〈ヨルダン〉　一九八九年四月暴動ののち、フサイン国王が総選挙実施を公約。同年十一月、二二年ぶりの下院総選挙がおこなわれた。九一年に民主化の指針を示した国民憲章を制定し、九二年には二五年間続いていた戒厳令が解除され、政党法が施行されて複数政党制が復活した。九三年、複数政党制としては三七年ぶりの下院総選挙がおこなわれた。

〈イエメン〉　一九九〇年南北イエメン統一のさいに、複数政党制導入と総選挙の公約が発表された。九一年に国民投票による統一憲法の承認(九四年改正)と政党・政治団体法の制定、翌年に選挙法の制定が続いた。九三年に、統一イエメン最初の総選挙が実施され、国民全体会議(旧北イエメンの大政翼賛団体、統一後に政党認可)、イエメン改革党(以下イスラーハ、イスラーム政党、統一後の新党)、イエメン社会党(YSP、旧南イエメンの一党独裁政党)の

2　サウジアラビアの仲介による国民和解憲章の略称。治安維持のためのシリア軍進駐を認めるとともに，宗派制度(キリスト教およびイスラームの宗派ごとに政府要職や議会の議席数を割り当てるもの)を維持したまま，首相の権限や議席配分などを修正した。

上位三党による連立となった。九四年内戦（政府とＹＳＰ分離独立派が戦い、政府側が勝利）後の総選挙では、国民全体会議の大勝による単独政権が続く。
〈シリア〉　一九八〇年代末の経済開放政策および九〇年湾岸危機時におけるアラブ内穏健派への転向とともに、九〇年総選挙のさいに左派諸政党の進歩国民戦線への加盟承認、野党の政党認可、大量の無所属立候補者の容認などをおこない、「政治の多元化」を打ち出した。しかし、バアス党の実質的な一党支配に変化をおよぼすものではなかった。
〈オマーン〉　湾岸戦争後の一九九一年から、八一年に設立した任命制の諮問評議会に選挙が段階的に導入され、二〇〇〇年制定の選挙法によって普通選挙が導入された。それに先立つ一九九六年に憲法に相当する基本法が制定され、九七年には任命制の新たな諮問評議会である国家評議会が設立された。
〈モロッコ〉　一九九二年および九六年に、憲法が改正された。新憲法では、国王に対する首相や議会の権限強化や二院制導入、下院全議席直接選挙、地方議会設置などが規定された。九七年の下院総選挙では野党の人民勢力社会主義同盟（ＵＳＦＰ）が勝利し、国王はその党首を首相に指名した。
〈クウェート〉　一九八六年に政府により停止されていた議会が、湾岸戦争後の九二年に再開され、総選挙が実施された。

〈サウジアラビア〉　湾岸戦争後の一九九二年に、憲法に相当する国家基本法および諮問評議会法、地方行政法を制定。九三年に諮問評議会を設置した。
〈バハレーン〉　湾岸戦争後の一九九二年に、諮問評議会を設置した。九九年に即位したハマド新国王は、七五年に停止された憲法と議会の復活を目的とした国民行動憲章を二〇〇一年に成立させた。二〇〇二年二月に憲法改正をおこない、改正憲法による下院総選挙が同年十月に実施された。
〈パレスチナ〉　一九九三年の暫定自治原則宣言（オスロ合意）により、九六年に自治政府議長および立法評議会の選挙を実施。ハマースは選挙をボイコットし、双方ともにファタハが勝利した。二〇〇五年のカイロ合意により、ハマースの選挙参加が決定し、翌〇六年の立法評議会選挙でハマースが勝利。しかし、〇七年にファタハとハマースの武力衝突が生じ、ファタハが西岸を、ハマースがガザを支配する分裂状態となった。
〈カタル〉　一九九五年に、ハマド皇太子が宮廷クーデターにより首長に即位。九六年に憲法を改正し、立法権を有する議会の設置を規定したが、いまだに実現していない。九九年に地方諮問評議会を設置して、選挙を実施した。
〈イラク〉　二〇〇三年イラク戦争で、サッダーム・フセイン政権が崩壊し、アメリカ主導の国家再建を開始した（第1章参照）。

既存の評価

これらの内容は民主化事例とはいいがたいが、とにかくこの時期のアラブ諸国の政治変化には、民主化という観点からさまざまな評価が示された。そのなかで、中東またはアラブ諸国という地域の変化を興味深くまとめたものとして、以下の四つをあげる。

N・N・アユービーによる評価は、次のようなものである。一九八〇年代においては、西洋的な民主主義の価値にもとづく権威主義体制に対する抵抗運動は弱く、イスラーム主義による抵抗のほうが強かった。そこでは、イスラーム主義の非民主的・非リベラル的・非世俗的性質が警戒され、各国政府とも政治の自由化には慎重になった。九〇年代に入って民主化が生じ、その特徴として政治の自由化・多元化を指摘できるが、同時に「コスメティック・デモクラシー」(化粧品のような民主主義。先進国、とくにアメリカに示すための表面的な民主主義)、「ストリート・ポリティックス」(デモ・暴動・スト)、国民憲章による合意形成といった側面も存在する。

一方、H・ディーガンは植民地の経験やその後の対外依存性・市民権の脆弱性・イスラーム主義・社会の経済的変化という特徴から中東諸国の現状を分析し、人口移動と市民権の問題を強調する。この二つの問題が、中東諸国において国民統合が進まない大きな要因ととらえられ、国民統合が不十分であることが、民主化が進展しない最大の背景と位置づけられている。

S・E・イブラーヒームは、社会的・経済的中間層が新たに形成されていたが、湾岸戦争後にその上層は自由や人権、民主主義を求め、その下層は既存の体制にいどむイスラーム主義を支持したと述べている。民主化や自由化は、上層の要請にこたえるかたちで進行し、それは各国間で相互作用を生んで加速化されたが、イスラーム主義とその支持層は警戒されたままだった。その後、エジプトなどで民主化が後退したが、その理由はアラブ諸国の民主化そのものがもつ脆弱性とイスラーム主義勢力との対立に求められる。

N・ガドビアンは湾岸戦争ではなく冷戦崩壊を契機としてあげ、ベルリンの壁崩壊後に民主化のピークがあり、その後袋小路に陥ったと論じている。その理由としては、アラブやイスラームの社会は民主主義に不適応であるといった評価を退け、また経済発展や政治文化からの分析も十分ではないと指摘する。そのかわりに政府とイスラーム主義勢力との関係を重視し、民主化が進行するか否かは両者の関係にかかっているとしている。[3]

これら四者による指摘や評価はそれぞれに異なるものの、おおむね政権とイスラーム主義勢力との関係を政治変化の大きな要因の一つとしてあげ、かつ両者の対立を民主化の後退と関連づけている。現実に即した妥当な見識と思うが、しかしこれに該当するのは時期的に遅いイラクを除いた共和制諸国とヨルダン、モロッコという二つの王制諸国であり、

3 Ayubi, Nazih N., *Over-stating the Arab State: Politics and Society in the Middle East,* London: I. B. Tauris, 1995, pp.399-414. Deegan, Heather, *The Middle East and Problems of Democracy,* Buckingham: Open University Press, 1993, pp.119-133. Ibrahim, Saad E., 'Civil Society and Prospects of Democratization in the Arab World' , Norton, A. R.(ed.), *Civil Society in the Middle East,* Vol.1, 1995, pp.45-51. Ghadbian, Nazib, *Democratization and the Islamist Challenge in the Arab World,* London: Westview Press, 1997, pp.3-15.

ＧＣＣ諸国にはあてはまらない。

冷戦崩壊前後の時期において、これら共和制諸国とヨルダン、モロッコに民主化に関わる政治変化が生じた理由はなにか、そしてその変化が順調に推移しない理由はなにかということが、二〇一一年政変の背景として考察すべき問題となる。二〇一一年政変と同じく、すべての事例に共通する特徴は存在しないが、前章と同様な方法でより多くの国々に共通する特徴を見出して、それに関する考察を試みたい。

第一の特徴は、経済の悪化に起因するデモ・暴動および国際通貨基金・世界銀行（以下ＩＭＦ・世銀）の構造調整受け入れであり、これと民主化との関係が問題となる。第二の特徴は、政権とイスラーム主義勢力の対立およびその後のイスラーム過激派の変質であり、これと民主化の後退または権威主義体制の強化との関係が問題となる。この二つの問題がもっとも明確にあらわれる事例が、最初に政治変化が生じたエジプトである。それゆえ、最初に先行事例としてのエジプトをより詳しくみたうえで、それとほかのアラブ諸国との共通点などを整理して指摘したい。

エジプト

サダト大統領は、一九七二年のソ連軍事顧問団追放などにより、徐々にソ連離れを進めていた。七三年第四次中東戦争の翌年にカイロなどで大規模な食糧暴動が生じると，同年より経済の門戸開放政策と外交の西側への転換を進め，西側先進諸国からの援助や資本による経済再建をはかった。しかし，政権内には親ソ連の左派が存在し，また欧米諸国には長年東側に位置したエジプトへの警戒感も根強かった。サダトは前者の政権内左派に対し，既述の七六年総選挙をしかける。選挙結果はサダト率いる中道派の二八〇議席に対し，右派は一二議席，左派はわずか二議席であった。欧米諸国への対応は，対イスラエル単独和平を以って「西側への転換」[4]を実現した。これによりエジプトは，先進諸国から多額の援助をえて経済の再建を進めるのだが，このシナリオにはない重大な事態が生じることになる。

政権内左派の排除は，選挙や複数政党制の導入といった民主化のみならず，左派と対抗するイスラーム主義勢力への配慮や接近によってもはかられた。民族主義・社会主義を標榜するエジプト政府はそれまでイスラームに関しては無視同然の態度を続けていた。しかし，ソ連離れと相前後して政府系メディアがイスラーム特集や断食の勧奨，サダトとアズハル総長との対談などを報じはじめ，イスラームを高揚・鼓舞する企画を続けるようになる。一九七一年には，憲法を改正してイスラームの国教規定やシャリーアを立法の法源とする規定が加えられ，ムスリム同胞団の政治犯が釈放された。七三年第四次中東戦争は政

[4] 1977年，サダトのイスラエル電撃訪問に始まる。アメリカのカーター大統領はこれを歓迎し，翌78年にキャンプ・デービッド山荘にサダトとイスラエルのベギン首相をまねいて，エジプト・イスラエル和平条約の草案を作成した(キャンプ・デービッド合意)。この条約は79年に調印され，エジプトはイスラエルと国交をもつ最初のアラブ国家となった。しかし，アラブ諸国内で孤立し，アラブ連盟の資格停止処分を受けた(89年復帰)。

府によりジハードと規定され、同時期に各大学には「イスラーム集団」という学生組織が設けられて、左派学生と対抗した。七六年、機関誌の発行などが認められたムスリム同胞団は、事実上の復活をとげる。[5] このような政権によるイスラームに関わる姿勢や政策を、本書ではとりあえず「イスラーム強調政策」と呼ぶこととする。

左派の排除を目的として、宗教勢力を評価・優遇するイスラーム強調政策の時期、政権とイスラーム主義勢力は当然良好な関係にあったが、そのような蜜月関係はすぐに破綻する。ムスリム同胞団がイスラエルとの和平に強く反対すると、左派の排除を終えたサダトは一九八一年にムスリム同胞団の大量逮捕に踏みきる。優遇から弾圧への転換であったが、サダトはその一カ月後にイスラーム過激派により暗殺され、エジプトは政権とイスラーム主義勢力との武力闘争の時期に入る。ムバーラク大統領は、就任にさいして民主化・自由化をアピールしたが、その姿勢は続かず、過激派の掃討とともに政権の権威主義化を進めた。

一方、経済の再建は先進諸国の援助のみならず、ＩＭＦ・世銀の構造調整によっても進められた。しかし、それは補助金の削減や金融・為替の自由化による物価高騰、公務員・軍人の削減や公営企業の民営化による失業の増加など、弱者に経済的な負担をしいる政策を求めるものであった。このため、経済危機への対策である構造調整によっても、デモや

[5] 伊能武次『エジプトの現代政治』朔北社，1993，84 ～ 85，104 ～ 105, 205 ～ 206 頁。

暴動が頻発することとなる。複数政党制を導入した一九七七年には、財政難による補助金削減に起因する物価暴動が生じている。そして八五年から構造調整協議が始まり、八七年に構造調整を受け入れると[6]、この間の八六年から九〇年まで、構造調整によるさらなる補助金の削減に起因する物価高騰に抗議するデモが続いた。

イスラーム強調政策から政権とイスラーム主義勢力の武力闘争に変化した状況は、一九九七年のルクソール事件[7]を契機にふたたび変化する。イスラーム過激派であるイスラーム集団およびジハード団は凄惨なテロ事件を繰り返し、武力闘争の時期にみられたほかのイスラーム主義組織や一般民衆からの一定の支持・共感を失った。社会から孤立する傾向に直面した過激派は、より過激なテロ活動に走った。テロ活動でしか自らの存在を維持またはアピールできなくなり、「手段の目的化」といった袋小路にはまってしまう。その結果、過激派は暴力と孤立の悪循環に陥り、そのピークに上記ルクソール事件が発生した。ほかのイスラーム主義組織から絶縁され、孤立が決定的となった彼らは、エジプトでの活動ができなくなった。彼らがアフガニスタンに移動し、オサーマ・ビンラーデンと行動をともにするのは、そのあとのことである。

アフガニスタンに移った過激派は、国際派(Internationalism)と呼ばれる存在に変質する。これは、それまで自国でのイスラーム革命やイスラーム国家の建設を目標としていたもの

6　IMFの安定化計画(スタンド・バイ・クレジットによる短期的な財政・国際収支改善)と世銀の構造調整計画(融資による中長期的な経済政策)は区別されていたが，現在では両者をまとめて構造調整と呼んでいる。本文のエジプトの場合は，厳密にはIMFのスタンド・バイ・クレジットであり，世銀も参加した構造調整の受け入れはムバーラク政権期の1991年になる。しかし，91年構造調整受け入れは87年スタンド・バイ・クレジットからの一連のものであるため，ここでは一括して構造調整と記した。

7　観光地ルクソールで起きた，日本人観光客を含む62人が死亡した銃撃テロ事件。イスラーム集団による犯行。事件後，大きな非難にさらされたイスラーム集団は2派に分裂し，いわゆる獄中派が武力闘争の放棄を宣言し，それ以外が本文に記した国際派に転向した。

が、アメリカを標的としたジハードに特化した存在に変貌したことを意味している。過激派が国外に出て、対米ジハードを唱える国際派となったあとのエジプトでは、当然のことながらテロ事件が激減する。南部での内戦状態も収束し、治安状態も回復された。いわば過激派の自滅による治安回復であったが、それは政権による過激派掃討の功績とされ、権威主義体制の強化に援用された。

これまで述べたエジプトにおける政権とイスラーム主義勢力との関係に関して、本書ではイスラーム強調政策の時期を第一期、武力闘争の時期を第二期、過激派の国際派への転向の時期を第三期として、ほかのアラブ諸国との比較に用いることとする(これら三期は内容による分類であり、それぞれが発生する時期は国により異なる)。

経済危機

エジプトにみられた民主化と経済危機・デモ暴動・構造調整受け入れとの関係は、モロッコ・チュニジア・アルジェリア・ヨルダン・イエメンでも確認できる。モロッコ・チュニジアでは一九七八年以降、経済の悪化によるデモや暴動が生じた。モロッコは八三年に対外債務の返済不能に陥り、リスケ(返済繰り延べ)宣言がなされた結果、翌八四年に構造調整を受け入れている。同年に大規模な物価暴動が発生して以降、国王と政府はそれまでの強権的な傾向を見直しはじめ、それは九〇年以降の民主化政策につながっていく。チュニジアでも八四年に大規模な物価暴動が発生し、八六年にはリスケ宣言がなされて、同年中に構造調整を受け入れた。ベンアリは当時首相であり、翌八七年に大統領となって八八年の憲法改正をおこなっている。アルジェリアの場合は、八八年の民主化以降にＩＭＦ・世銀と構造調整協議を開始したが、九二年の軍介入とその後の内戦により中断された。その後九四年にリスケ宣言がなされ、同年中に構造調整を受け入れて、翌九五年大統領選挙から内戦の鎮静化が始まった。

　ヨルダンは八九年の四月に暴動が発生し、同年中に構造調整を受け入れて、十一月に公約の総選挙が実施されるという、非常にコンパクトな展開を示している。これらに対し、イエメンは民主化と経済の悪化およびデモ・暴動の順番が逆になっている。九〇年民主化のあと、九一年湾岸戦争および九四年内戦により経済が疲弊してデモが生じ、九五年に構造調整を受け入れた。受け入れ後も、補助金の削減などによる生活の悪化に抗議するデモ・暴動が続いた。

　経済危機を背景として、民主化・デモ暴動・構造調整受け入れが互いに関係しながら生じることは、これら六カ国に共通している。無論、事例間の違いは大きい。これらが発生する順番が異なっているし、これらが出揃う期間も異なっている。先行事例のエジプトは、民主化(七六年総選挙)から構造調整受け入れまで一一年と長期にわたり、そのほかはモロッコ七年、チュニジア二年、アルジェリア六年、ヨルダン一年、イエメン五年と決して一様ではない。しかし、より重要なことは、構造調整による経済の立てなおしになぜ民主化が絡むのかという問題である。

もちろん、構造調整自体が政治経済の自由化を求めるものであることが、その理由の一つであるが、構造調整よりも前に民主化を実施している事例もある。エジプトの場合は、政権内左派の排除という明確な目的があった。それは、民主主義そのものではなく、特定の政治的目的のための民主化であったといえる。しかし、このエジプトを含めた六事例を並べてみると、分配国家から撤退しながらも既存の政権は維持されるという、より大きな目的を看取できる。

社会主義体制や国王大権のもとでの開発政策が功を奏さず、逆に失業や累積対外債務により経済危機に陥った結果、政府は国民生活の保障から撤退する。すなわち、分配国家としての機能や役割を放棄することを選択する。これは当時、アラブ諸国にかぎらない世界的な傾向であり、「政府の失敗」や「国家の辞任」などと呼ばれた。その一方で、経済の再建には構造調整が選択されるが、国民生活にさらなる打撃を与える構造調整を受け入れるためには、それを遂行できるだけの安定性を確保しなければならない。それは一見、強権国家によってなされるように思えるが、強権国家と分配国家は不可分の関係（生活の保障による支配）にあるため、分配国家でなくなってしまえば、強権国家の存続は困難となる。

デモや暴動は、単なる生活苦への抗議ではなく、このような支配の正統性に関わる矛盾を突くものであった。それゆえに、政権はデモや暴動に弾圧ではなく、民主化によってこたえた。それは、分配を放棄した政権に選挙による新たな支配の正統性を与え、あくまで既存の政権に事態の打開・収拾を委ねるためのものであった。そこでは選挙による政権の交代など、微塵も想定されていなかった。アルジェリアの軍介入は、それを如実に示している。その結果、普通選挙や複数政党制の導入といった制度面での民主化がなされる一方で、既存の政権維持という権威主義体制の大前提が確保され続ける、特異な状況が生まれたのである。

政権とイスラーム主義勢力との関係

第二の特徴については、エジプトにもっとも近い事例として、アルジェリアがあげられる。一九七〇年代から、それまで放置されていたモスクの再建や政府公認のモスク新設が急増し、八四年にはそれまでフランス語によってなされていた学校教育のアラビア語化や、政府によるイスラーム研究センター設置などが続く。これらは、アルジェリアにおけるイスラーム強調政策（第一期）と評価できる。もちろん、その目的はエジプトのような左派の排除ではなく、悪化を続ける経済を背景とした国民の政府への不満をそらすためのものであった。九一年軍介入後の内戦状態は、いうまでもなく政権とイスラーム主義勢力との武力衝突（第二期）にあたる。

長期化する内戦に対する厭戦意識は、政権と反政府勢力との交渉に結びついた。しかし、イスラーム過激派の武装イスラーム集団（以下ＧＩＡ）は政府との交渉を拒否し、政府軍との戦闘を続けるのみならず、政府と交渉する反政府派にも残虐な攻撃をしかけた。政府と反政府派の双方と敵対したＧＩＡは、下院総選挙が実施された九七年に完全に孤立した。ＧＩＡはアフガニスタンに移り、九八年にオサーマ・ビンラーデンのもとでエジプトのイスラーム集団、ジハード団とともに「反十字軍・反ユダヤ聖戦国際イスラーム戦線」（アルカーイダの前身の一つ）を結成する（第三期）。ＧＩＡの国際派への転向により、内戦の収束は決定的となる。

このほか、モロッコでも七九年に各大学にイスラーム学科が新設されるなど、社会一般のイスラーム主義への関心拡大に即し、かつ左派を牽制するイスラーム強調政策がみられた。[8] 八〇年代にモスク建設が急増する例や、政府がウラマーへの統制を強めてイスラームに関わる発言の主導権を握る例は、多くのアラブ諸国に存在する。しかし、続く第二期に

8 アルジェリアとモロッコの記述は，私市正年「マグリブ諸国のイスラーム主義運動——社会的背景と組織の実態」『国際問題』411 号（1994.6），32 ～ 40 頁。

関しては、エジプト・アルジェリア以外の国々は武力闘争ではなく、認可されたイスラーム政党が選挙において政府と対立するという構図を示した。ヨルダン・クウェート・イエメンではイスラーム政党・政治団体が選挙で躍進し、最大野党として政府を批判した。また、一九九〇~九一年の湾岸危機・戦争時には、アラブ各国の合法・非合法のイスラーム主義勢力が大規模な反米・イラク支持デモを長期にわたり展開し、その政治的影響力を誇示した。

しかし、ここでも第三期に該当する変化が生じる。イスラーム政党は、選挙に参加した当初は多くの票や議席をえたものの、二回、三回と選挙を重ねるたびにその得票および議席を減らしていく。[9] その理由は、現実的な効果をあげられない「イスラームによる解決」というスローガンに、有権者が幻滅したことなどが考えられる。二〇〇三年イラク戦争時には、湾岸危機・戦争時のような大規模なデモの発生が危惧されたが、実際にはアラブ諸国でデモはほとんど起きず、イスラーム主義勢力の動員力はその退潮を露呈した。

最大の反政府勢力または政府批判勢力であるイスラーム主義の政党や団体が、その政治的影響力を減退させたことは、相対的に政権の維持能力を向上させ、その権威主義化や体制の強化につながった。

9 ヨルダンのIAFは，初参加の1993年総選挙で80議席中17議席を獲得し，政党の獲得議席としては第1位となった。しかし，その後は定数が110議席に増加したにもかかわらず，この議席数を上回ったことがない。イエメンのイスラーハは，初参加の1993年総選挙で301議席中63議席を獲得して第2位となり，三党連立内閣に加わった。しかし，その後は議席を減らし続け，連立からもはずれた。同様にアルジェリアの平和のための社会運動も，初参加の1997年総選挙で231議席中69議席を獲得して第2位となり，三党連立内閣に参加した。しかし，以後この議席数を上回ることはなく，連立からもはずれた。

例外は1997年に認可されたモロッコの公正発展党で，2002年総選挙42議席(第3位)，07年総選挙46議席(第2位)，11年総選挙107議席(第1位)と議席を増やし続けている。

権威主義体制の強化

図2は、これまで述べた過去の民主化事例に関わる構図をチャートにしたものである。経済危機を背景とする民主化・デモ暴動・構造調整の間の関係はすでに述べた。これに、政府および構造調整に反対したイスラーム主義勢力を加えたものである。イスラーム主義勢力は、イスラーム政党として認可されたアルジェリア・ヨルダン・イエメン・モロッコでは最大野党、非合法状態のエジプト・チュニジアにおいても実質的に最大野党の位置を占める政治勢力であった。彼らは、国民の生活保障から撤退した政府を批判し、構造調整およびより広い経済のグローバリゼーションによって困窮を深める社会的弱者を擁護する立場をとった。いわば、凋落の激しい左派の政治勢力にかわって、その機能を代替する役割を担った(ただし、エジプトのムスリム同胞団の場合は、その幹部に経済の自由化のなかで成功した起業家が多く、構造調整受け入れには反対の姿勢をとらなかった)。

経済危機によるデモや暴動に対し、政府は民主化による新たな支配の正統性確保と構造調整受け入れによる経済再建をはかった。そこに、弱者保護という左派の代替機能をはたすイスラーム主義勢力が、政府に対する最大の反対勢力としての地位を築く。しかし、武力闘争を続けた過激派はやがて国外に去り、イスラーム政党は選挙のたびに議席を減らした結果、政権にとってイスラーム主義勢力は深刻な脅威と呼ぶほどの存在ではなくなった。

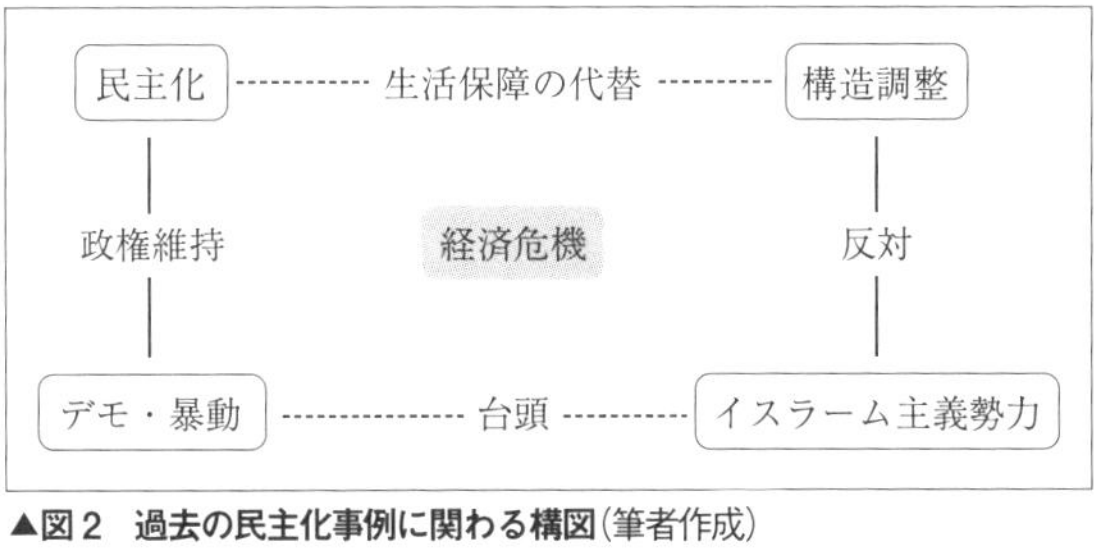

▲図2　過去の民主化事例に関わる構図(筆者作成)

このような状況のなかで民主化の側面は後退し、逆に権威主義の側面がより強くあらわれてくる。民主化後の政治状況の変化についてR・オーウェンは、政治エリートが政治的自由の縮小を正当化し、以前の権威主義体制を複製させるような政党を生み出す、新たな選挙法のために策を弄したと批判している。また、D・ブルームバーグもモロッコ・エジプト・ヨルダン・クウェート・レバノンを「自由化された専制」または「部分的専制」と呼び、あえて競争の余地を残すことによって野党間の対立や官僚と民間の競争を生じさせ、権力の維持をはかっているとしている。[10]

表5は、このような評価が示された二〇〇〇年代前半におけるアラブ諸国の議会・選挙制度と総選挙結果である。冷静崩壊前後の民主化に関わる政治変化から、およそ一〇年をへた状態を、選挙結果第一党の議席占有率が高い順にあらわしている。本書では、非競合的な選挙によって与党が圧倒的な議席を獲得しているものを一党制、競合的な選挙によって与党が圧倒的な議席を獲得しているものを一党優位政党制、同じく競合的な選挙において票が分散しているものを多党制と、とりあえず仮定する。これによれば、一党制がシリア・スーダン・チュニジア・エジプト、一党優位政党制がイエメン・アルジェリア・イラク、多党制がレバノン、モロッコということになる。[11]

政治学では、選挙やそのほかの政治的競合が存在しながら、権威主義体制が続く事例を

[10] Owen, Roger, *State, Power and Politics in the Making of Modern Middle East,* 3rd ed. London: Routledge, 2004, pp.152-153. Brumberg, Daniel, “The Trap of Liberalized Autocracy”, Diamond, L., M.F. Plattner and D.Brumberg (eds.), *Islam and Democracy in the Middle East,* Baltimore: The John Hopkins University Press, 2003 p.40.

[11] 松本弘「アラブ諸国の政党制――民主化の現状と課題」『国際政治』141号(2005.5), 56～71頁。モロッコに関しては，多党制であるから政治的自由が確保されているとはいいきれない。小党が乱立する多党制を維持することによって，逆に国王が権力や影響力を維持しているといった指摘もある。

スーダン	議会制度	一院制	任期	4年	イスラーム政党	認可
	議席数(内訳)	360議席(小選挙区270，国民会議〈議会とは別組織〉からの女性代表35，大学生代表26，労働組合代表29)				
	結果(2000年選挙)	国民会議党355(議席占有率98.6%)，無所属5				
エジプト	議会制度	一院制＊	任期	5年	イスラーム政党	非認可
	議席数(内訳)	454議席(222選挙区〈すべて2人区〉，大統領任命10)				
	結果(2000年選挙)	国民民主党398(議席占有率87.7%)，無所属37，新ワフド党7				
チュニジア	議会制度	一院制	任期	5年	イスラーム政党	非認可
	議席数(内訳)	189議席(中選挙区〈第一党が定員すべてを獲得〉152，各選挙区の死票を集計し比例代表で分配37)				
	結果(2004年選挙)	立憲民主連合152(議席占有率80%)，社会民主党14				
イエメン	議会制度	一院制＊	任期	6年	イスラーム政党	認可
	議席数(内訳)	301議席(小選挙区制のみ)				
	結果(2003年選挙)	国民全体会議229(議席占有率76.1%)，イスラーハ45				
シリア	議会制度	一院制	任期	4年	イスラーム政党	非認可
	議席数(内訳)	250議席(中選挙区制のみ)				
	結果(2003年選挙)	国民進歩戦線167(議席占有率66.8%，うちバアス党135)，無所属83				
ヨルダン	議会制度	二院制	任期	4年(上院，下院とも)	イスラーム政党	認可
	議席数(内訳)	上院40議席(国王任命40) 下院110議席(小選挙区104〈少数派議席12を含む〉，女性議席6)				
	結果(2003年選挙)	国王支持派の無所属62(議席占有率56.4%)，イスラーム行動戦線党18				
アルジェリア	議会制度	二院制	任期	上院6年，下院5年	イスラーム政党	認可3党，非認可1党
	議席数(内訳)	上院144議席(地方議会からの間接選挙96，大統領任命48) 下院389議席(小選挙区制のみ)				
	結果(2002年下院選挙)	民族解放戦線199(議席占有率52.4%)，民主国民連合47				
イラク	議会制度	一院制(暫定議会)	任期	新憲法下の総選挙まで	イスラーム政党	認可
	議席数(内訳)	275議席(大規模比例代表制のみ)				
	結果(2005年選挙)	統一イラク同盟(政党連合)140(議席占有率50.9%)，クルド同盟(同)75				
レバノン	議会制度	一院制	任期	5年	イスラーム政党	認可
	議席数(内訳)	128議席(中選挙区のみ〈宗派制度－キリスト教マロン派34，スンナ派27，シーア派27など〉)				
	結果(2000年選挙)	抵抗と発展(選挙リスト)23(議席占有率18%)，カラマ(同)18				
モロッコ	議会制度	二院制	任期	上院9年，下院5年	イスラーム政党	認可
	議席数(内訳)	上院270議席(地方議会などからの間接選挙のみ) 下院325議席(中選挙区295，女性議席30)				
	結果(2002年下院選挙)	人民勢力社会主義同盟50(議席占有率15.4%)，独立党48				

▲表5　2000年代前半におけるアラブ諸国の選挙制度と総選挙結果

出典：松本弘「アラブ諸国の政党制——民主化の現状と課題」『国際政治』141号(2005.5)，64頁。
＊上院に位置づけられる諮問評議会に立法権なし

「選挙権威主義」(electoral authoritarianism)、または「競争的権威主義」(competitive authori-tarianism)と呼んでいる。多くのアラブ諸国もこれに該当するため、本書ではこの時期のアラブ諸国を選挙権威主義とみなして、以下に説明をおこないたい。ここでは、選挙の制度と運用に関わる操作や作為と、選挙以外の場における政権維持のための政策や工作とに分けて記述する。

選挙の制度と運用

まず、特殊な選挙制度を用いたり、運用面で人為的な操作や作為をおこなっていたのが、チュニジア・エジプト・シリアである。チュニジアは複数政党制に移行したあとも、中選挙区[12]での議席総取り制をおこなっていた。これは選挙区において政党リストによる投票をおこない、第一位の政党が選挙区定数の議席すべてを獲得する制度である。立憲民主連合がすべての選挙区で第一位となるため、全議席を独占した。その後、各選挙区での死票を集計し、議席定数の二〇%を野党に配分する選挙法改正がおこなわれたが、立憲民主連合は定数八〇%(選挙区)の議席を維持し、野党は死票による二〇%しか議席がとれなかった。

エジプトは憲法が小選挙区制を規定しているにもかかわらず、二人区の導入やその撤廃を繰り返し、なおかつ投票にさいしては政権が軍を動員した選挙妨害をおこなった(シリ

[12]「中選挙区」は日本のメディアによる用語で，政治学では小選挙区(定数１人)以外はすべて大選挙区と呼ばれる。しかし，選挙制度の比較には便利な用語であるので，本書では全国１区の選挙区のみを大選挙区と呼び，定数が２人以上の地方区を中選挙区と呼ぶこととする。

アの選挙制度については第1章参照)。

さらに、これら三カ国はイスラーム政党を禁止していた国々でもあり、すべて非競合的選挙の一党制に該当している。[13] 逆に競合的選挙の一党優位政党制および多党制の国々は、すべてイスラーム政党を認可していた。特殊な制度・運用による非競合的な選挙とイスラーム政党の排除とは、権威主義体制において表裏一体の関係にあった。

また、選挙そのものではないが、大統領の終身化と呼ぶべき憲法改正も続いた。チュニジアでは、終身大統領であったブルギバを廃したあと、憲法は四選禁止を規定していたが、二〇〇二年の改正でこれが撤廃された。アルジェリアも同様に、〇八年の憲法改正で三選禁止規定を撤廃した。イエメンでは一〇年末に、野党が要求していた総選挙への比例代表制導入と抱きあわせるかたちで、大統領の三選禁止規定を撤廃する憲法改正案を政府が議会に提出した。一一年より審議・可決される予定であったが、政変により頓挫した。ちなみに、エジプトは一九五二年の革命以来、大統領に任期制限はなかった。一月二十五日革命以降の憲法が規定した大統領三選禁止が、エジプト史上初の任期制限であった。

選挙以外の場面

過去の民主化後に権威主義体制が維持・強化された最大の要因は、構造調整の利権化で

13 非競合的選挙の一党制に属するスーダンの場合は，イスラーム政党を禁止はしていない。バシールはイスラーム政党の国民イスラーム戦線(スーダン・ムスリム同胞団，指導者はハサン・トラビー)と組んでクーデターをおこない，国民イスラーム戦線は与党となった。しかし，のちに両者の関係は破綻してバシールは議会を解散し，国民会議党を新たに設立して総選挙で議席をほぼ独占した。国民イスラーム戦線はこの選挙をボイコットしたものの，幹部の多くが国民会議党に移ったため，国民会議党をイスラーム政党とみなせないこともない。ハサン・トラビーは，そののちに新たなイスラーム政党である民衆会議党を設立した。

ある。これは非競合的選挙の国にも、競合的選挙の国にも、等しくみられる。既述のように、民主化と構造調整受け入れとは密接な関係にあったが、構造調整が受け入れられたあと、それによる莫大な資金流入および公営企業民営化や起業などに関わる認可や手続きを、政権はその権力維持のために活用するようになる。もちろん、構造調整による融資や支援の使途については、ＩＭＦ・世銀との協議をとおした厳密なルールに従わなければならない。しかし、それでも末端部の資金運用や民営化に関わる人事権などは、当該国の政府に委ねられる。その結果、一度は放棄したはずの分配が、構造調整によってよみがえることとなる。

ただし、この構造調整を活用した分配は、それ以前の放棄された分配とはまったく異なるものだった。以前のものは、政権内関係者への優遇はあったにせよ、基本は国民全般に対する一律的で包括的な分配であった。ところが、構造調整に関わる資金や権限などによる分配は、政権の支持層を強化・拡大するために用いられた。建設・携帯電話・タクシーなどに関わる起業への認可や融資は、権力者の親族や政権に近い人物に優先的に便宜がはかられた。公営企業の民営化にともなう経営者の任命にも、同様の人脈が優先された。そのなかで、とくに配慮されたのが軍である。

以前から存在はしていたものの、軍による経済的・商業的活動はこの時期から飛

▶「あなたしかいない」　イエメン・サーレハ大統領の巨大ポスター。2006年大統領選挙のためのものであったが，選挙後も掲げられ，任期制限撤廃の議論が始まった。

躍的に拡大する。軍が経営する企業体には潤沢な資金があてがわれ、その経営規模を広げた。また民営化企業の経営者にも、多くの退役将校が抜擢された。当然、これは政権の支持基盤としての軍に対する配慮・優遇であり、政権維持のための重要で不可欠な方策であった。

過去に放棄された分配は、体制や法律にもとづく公式な利害調整システムであった。しかし、この時期に新たに構築された分配は、政権の目的や判断による非公式な利害調整システムであるといえる。軍をはじめとする政権支持層への優先的な分配は、いわば国家規模のネポティズム(縁故主義、えこひいき)であり、分配と権威主義体制の新たな関係を示すものであった。

このほかには、コオプテーションと呼ばれる方策がある。これは「取り込み」や「懐柔」を意味し、反対勢力を排除したり弾圧したりするのではなく、政権内に包含してしまうことを指している。アラブ諸国は歴史的に、強力な野党の存在によって生じる政局の経験が少ない。そのため与野党伯仲といった状況を避け、選挙結果第一位、第二位の政党による連立や挙国一致内閣といった選択に走りやすい。その延長線上に、体制外や政権外の反対勢力に接近し、閣僚や大統領顧問といったポストなどをあてがって政権に取り込んでしまう対応がみられた。政権の人事に関わるもの以外にも、利権の配分や逮捕者・被告への特赦など、取り込みの材料は多岐にわたった。

新たな分配とコオプテーションによる政権支持層の強化・拡大は、そのまま選挙における政権の勝利に結びついていく。

有権者の消極的支持

以上の選挙制度とその運用に関わる問題、構造調整に関わる利権の配分やコオプテーションによって、権威主義体制が長期化したことは疑いない。しかし、それらがあったにしても、現職の大統領や与党の得票は大きすぎる。投票そのものに不正がある、または野党への投票にはその後になんらかの報復や制裁が加えられるといったことがあれば、得票数などを議論する意味はない。しかし、そのような例は非競合的選挙の国々であり、そのほかの国々の選挙は選挙違反などを含むものの、おおむね正常におこなわれていた。つまり、選挙における政権の圧勝を、政権による作為や工作だけで説明するには無理がある。

そこには、有権者の消極的支持と呼ぶべき投票行動があったと考えるほうが、より現実的である。消極的支持の要因としては、安定志向と行政実務能力の二点があると考えられる。安定志向は、政権とイスラーム主義勢力との武力衝突（第二期）が長期化したエジプトやアルジェリアを典型として、政治的混乱や経済の悪化を忌避し、既存の政権による事態の安定化を選択する判断である。行政実務能力については、既存の政権が長期化することにより、与党にそれが独占されてしまう傾向がある。つまり、政権を担うだけの能力を野党が有していない場合、有権者はいたし方なく与党を選択することになる。無論、これも安定志向の理由の一つになる。権威主義体制のさまざまな施策とともに、この有権者による消極的支持も、権威主義の長期化に作用した。

民主化圧力とその限界

アラブ諸国における権威主義体制の維持・強化に対しては、欧米をはじめとする国際社会からの民主化圧力が存在していた。一九九五年以降のＥＵバルセロナ・プロセスは、地中海沿岸諸国との自由貿易圏確立を目的とするものだが、自由貿易協定（ＦＴＡ）締結の前提と位置づけられる各国とのＥＵ地中海協力協定には政治的対話・民主主義・人権の尊重といった項目が含まれている。二〇〇二年以降の国連開発計画（ＵＮＤＰ）による「アラブ人間開発報告書」（ＡＨＤＲ）は、政治参加・女性の社会参加・教育・開発政策立案・貧困克服などに関わるアラブ諸国の不備や制約を批判し、「知識社会の構築」・「開かれた文化の実現」・「政治参加と自由、多元主義の促進」を求めている。また、同年以降のアメリカ中東パートナーシップ・イニシアチブ（ＭＥＰＩ）も、経済・政治・教育・女性の四分野に関わる改革支援を実施している。さらに、「中東の民主化」は二〇〇三年イラク戦争の開戦理由の一つに掲げられ、翌年の先進国首脳会議(シーアイランド・サミット)で採択された「拡大中東圏構想」により、そのための施策が具体化された。

これらのいわゆる「外圧」が、一定の効果をあげる場面もあった。イラク戦争の前後には各国で、「イスラーハ」(改革)という言葉が政治社会全般に関わるさまざまな議論で、枕詞のように用いられた。エジプトでは、ムバーラク大統領退陣を求める街頭行動である「キファーヤ(もうたくさん)運動」が生じた。さらに二〇〇五年のエジプト人民議会選挙では、政権がムスリム同胞団からの無所属の立候補を認めた結果、同胞団は八八議席を獲得し、与党国民民主党は八七議席を失った。

しかし、このような外部からの民主化圧力は、短期間でその効力を失う。例えば、エジプトの二〇一〇年人民議会選挙では、政権による同胞団への徹底的な弾圧がおこなわれた。投票当日も政権によるあからさまな選挙妨害がおこなわれ、同胞団からの無所属候補の当選は一名となった。結局、イラク戦争後のイラクの民主化を除いて、「外圧」は大きな政治変化をもたらさなかった。その理由は権威主義体制の強さや内政不干渉の原則などにあろうが、この時期に特徴的なものとしては、以下の二つがあると思われる。一つは、九・一一アメリカ同時多発テロ以降の「テロとの戦い」が、イスラーム主義勢力の政治参加を含むような民主化とは相入れないイメージをもたれたこと。もう一つは、それとの関連で権威主義体制の各国政府がアルジェリアの事例を持ち出し、急激な民主化は混乱を引き起こすだけといった戦術をとったことにある。アルジェリアの内戦は、選挙でイスラーム政党が勝利したから生じたのではなく、その後に軍部が介入したことに起因しているのだが、軍部の介入の部分は巧妙に伏せられて、あたかも民主化によるイスラーム主義勢力の伸長が政治的混乱の唯一の原因であるかのように喧伝された。

こうして、アラブ諸国の権威主義体制は長期化したのだが、長期化したがゆえに蓄積された民衆の不満が、二〇一一年政変で噴出することとなる。

Column #03

GCC諸国の政治改革と地域情勢

GCC諸国の政治改革に関わる最大の特徴は、その内容よりも、つねに外的環境の変化から引き起こされてきたという契機の問題にある。

一九六一年に独立したクウェートは、翌六二年に選挙を実施して立法権を有する議会を開設した。しかし、七一年に独立したカタルとUAEは立法権を有する議会を認めず、国王任命の諮問評議会設置にとどまった。同じ七一年に独立したバハレーンは、七三年に選挙による立法権を有する議会を開設したが、七五年に政情不安を理由に憲法および議会を停止している。選挙および議会を選択したクウェートと、それらを選択しなかったカタル・UAE・バハレーンを分かつものは、何であったのか。それは、一九六七年第三次中東戦争におけるアラブ側の大敗、すなわちアラブ民族主義の権威失墜である。

一九六一年はアラブ民族主義の全盛期にあたり、アラブの王制国家は次々と革命により倒されていた。そこで独立したクウェートにとって、選挙と議会の設置は体制維持に当然必要なものだった。しかし、第三次中東戦争後のアラブ連盟ハルトゥーム・サミットにおいて、エジプトとサウジアラビアの歴史的和解(サウジアラビアからエジプトへの援助とエジプトによる革命支援の停止)がなされ、カタル・UAE・バハレーンはアラブ民族主義の脅威から解放された。クウェートにおいても、政情不安を理由に七六年から八一年までと八六年に議会が停止され、湾岸危機の直前の九〇年には諮問評議会が設置された。オマーンでも、八一年に諮問評議会が設置されている。立法権のない諮問評議会設置によって、議会と選挙は封印された。

けれども、一九九〇～九一年の湾岸危機・戦争は、GCC諸国のあまりに非民主的な政治体制に対する批判を生み出した。その結果、湾岸戦争の翌九二年にクウェートは議会を再開し、サウジアラビアは国家基本法の制定と諮問評議会の設置をおこない、バハレーンも諮問評議会を設置した。オマーンでは九一年から諮問評議会に選挙が段階的に導入され、九六年には基本法が制定された。このような変化は、湾岸戦争なくしてはありえないものだった。

その後バハレーンで、例外的ともいえる内発的な政治改革(二〇〇二年憲法復活)が生じた。二〇〇三年イラク戦争によっても、小規模な政治改革(サウジアラビアとUAEの諮問評議会への部分的選挙導入)があり、その八年後に二〇一一年政変による政治変化が生じた。今後も、政治改革が国内から生じる可能性は小さいものと考えられる。

第3章　現状への視角

二〇一一年政変の意義

二〇一一年政変を、前章で記した一九九〇年代を中心とする過去の民主化事例とあらためて比較してみると、両者は大きく異なる性質の政治変化であることがわかる。過去の例は、既存の政権が国民生活の保障から撤退しながらも権力を維持するという、特定の政治的目的をもつものであり、それがゆえに「上からの民主化」、過去の清算をともなわない民主化であった。しかし、二〇一一年政変はいかなるイデオロギーにも依拠せずに反不正のみを掲げるという、特定の政治的目的をもたないものであり、民衆レベルからの発露で、前大統領への裁判や与党解党といった過去の清算をともなう民主化である。まさに、一九九〇年代の民主化の蹉跌を挽回するかのような展開を示していた。

さらに二〇一一年政変の特徴を考えれば、「制度的特殊性の減退」と「イスラーム主義の相対化」の二点を指摘できる。前者については、過去の民主化は普通選挙と複数政党制を導入し、たしかに大きな政治変化をもたらした。しかし、そこでは制度と運用に操作や作為がほどこされ、いかなる状況でも既存の政権が勝利するような選挙権威主義の態勢が整えられた。この制度と運用に関わる特殊性が、二〇一一年政変で取り除かれた。ただし、リビアの制憲議会選挙では比例代表制と小選挙区制の並立において、小選挙区には無所属しか立候補できないといった特殊性がみられ、イエメンの大統領選挙も候補者一人に対する信任投票という権威主義的な手法が用いられた。しかし、これらはあくまで移行期間における例外的な措置である。リビアの場合は、組織力のある地域的な政治勢力を警戒・牽制し、政変に参加しながらいまだ政党をつくれていない人々のためになされたものであり、イエメンの場合は、国内の安定化を最優先したGCC調停文書の内容にそうものであった。いずれにしても、正式な憲法や選挙法が施行されれば、解消される特殊性である。二〇一一年政変によって、誰がみても奇異に感じるような選挙制度の制定または運用は、もはや不可能になったといえる。

後者については、権威主義体制下で野党の多くがコオプテーションの対象となった結果、政権に反対する純然たる反政府派は、認可されたイスラーム政党もしくは非合法のイスラーム主義勢力しかないという状況が続いた。そこでのイスラーム主義勢力は、権威主義体制を批判し、政府の汚職や不正を糾弾して、弱者の保護を訴えるという重要な政治的・社会的役割をはたし、民衆からの支持もえていた。しかし、そのような役割の担い手が彼らのみであったため、イスラーム主義勢力は独善的な性格を帯びることとなる。もともと宗教的な価値を政治に反映させることを目的としていたため、自分たちに反対する者は宗教を否定する者だといった排他的な姿勢を示していた。一般の人々もまた、イスラーム主義に反対すると、イスラームという宗教を軽視しているとみなされるのではないかといった警戒感をもっていた。それが権威主義体制との対立のなかで、正義を求める唯一の存在というイスラーム主義勢力の自負につながり、権威主義に反対する立場にありながらそれと同じように、自らへの批判を許さない絶対的な存在であるかのように振る舞った。

そこに二〇一一年政変が生じると、イスラーム主義勢力は当然自らが次の政権を担うべき存在であると理解した。事実、第1章でみたように、選挙においてイスラーム政党が与党となった例は多かった。しかし、おそらく彼らにとって想定外であったのは、多くの人々がイスラーム主義への嫌悪を公然と示し、その勢力に反対する姿勢を明確に示したことだった。イスラーム主義やその勢力は決して絶対的な存在ではなく、互いに対抗する政治諸勢力の一つに相対化された。これは、イスラーム主義勢力にとっては許容しがたいことであったろうが、民主化という観点からすればあるべき正常な状態であるといえる。イスラーム主義勢力は、もはや「唯一の正義の味方」ではなくなったのである。

このようにみてみると、二〇一一年政変は過去の民主化やその後に生じた欠点や患部を、補い修正するものであったともいえる。一九九〇年代の民主化が失敗し、二〇一一年政変が成功したのではなく、現在の民主化は紆余曲折をへながら、二〇年をかけてたどりついたものなのかもしれない。それは特定の政治的目的のない、過去の清算をともなう「下からの民主化」であり、制度的特殊性の減退やイスラーム主義の相対化といった政治制度・政治状況の正常化もあわせもつものであった。であるにもかかわらず、なぜ二〇一一年政変はその後に期待を裏切るような展開をみせたのか。現時点でその理由を特定することは困難であるが、以下に世俗と宗教の対立、イスラーム過激派の再変質、エスニック紛争への陥穽の三つの側面から考察を試みたい。

世俗と宗教の対立

世俗と宗教の対立は、イスラーム主義の相対化に関わるものである。そのもっとも象徴的な場面は、二〇一三年七月三日のエジプト軍によるムルシー大統領の逮捕・解任であろう。それゆえ、エジプトの事例から説明する。

エジプトにおけるイスラーム主義の相対化は、ほかの諸事例と同じように革命当初からすでにみられた。一月二十五日革命において占拠されたタハリール広場では、当然イスラーム主義の主張を訴える横断幕やプラカードも掲げられた。しかし、それはすぐに周囲の人々に取り上げられ、そのような行為は厳禁であると諭された。一方で、ナセルの肖像画や彼への支持も示されたが、これはナセリズムやアラブ社会主義といったイデオロギーへの支持ではなく、いわばエジプト国旗と同様に国民の大半が支持可能な存在として用いられたにすぎない。ほかのイデオロギーと同じく、イスラーム主義も反政府デモにおいては封印されていた。

しかし、ムバーラクの辞任後にデモや革命が「イスラーム主義に乗っ取られた」といわれる状況が生じる。これは旧来の野党に存在感がなく、デモ参加者の多くを占めた若者や新たな世俗リベラルの勢力が政党を準備できないなか、全国的な組織力をもつムスリム同胞団がいち早く軍最高評議会と手を組んだことを意味している。両者の同盟関係は、同胞団に有利な選挙法策定などに反映された。既述の人民議会選挙、諮問評議会選挙において、同胞団の自由公正党とサラフィー主義[1]のヌール党が第一位、第二位を占め、イスラーム政党が各議会の議席のおよそ七割を占めた。

ここで、ほかの諸事例や後述の「イスラーム過激派の再変質」に大きく関わるサラフィー主義について、説明をしておきたい。現在、サラフィー主義やサラフィストと呼ばれているものは、二十世紀初めにエジプトで設立された「アンサール・ス

1 サラフィーとは「サラフの」という意味の形容詞で，サラフとは初期イスラーム時代の預言者ムハンマドと接触のあったムスリムや預言者没後の優秀なムスリムを指している。彼らは純粋なイスラームの体現者として，後世のムスリムの規範となる存在であり，そのような過去の純粋なイスラームへの回帰を求める思想を「サラフィーヤ」(サラフ主義)と呼ぶ。

ところが，現在のサラフィー主義はこれとは異なる思想である。サラフィーヤは近代のイスラーム改革運動(イスラーム主義の前身)の中核的な思想であり，それは純粋なイスラームを取りもどすことによって西洋の近代文明との調和をはかるという復興思想であった。1928年のエジプトにおけるムスリム同胞団の設立は，この改革思想を大衆運動化するものであった。しかし，サラフィー主義は「サラフの生活や信条をそのまま現代に復活させる」ことが目的であり，西洋をはじめとするイスラーム以外のものいっさいを否定し，拒絶する。サラフィーヤとサラフィー主義は似た言葉であるが，その思想内容はまったく方向性が異なっている。

ンナ」(スンナの支援者)という団体が起源とされる。この団体は現存するが、政治活動には関心がないといわれる。その後、一九七〇年代にアレキサンドリア大学で「サラフィーの伝道」という団体が結成された。これは、エジプトのサラフィー主義がサウジアラビアのワッハーブ派の影響を受けたもので、ムスリム同胞団の学生らと衝突した。のちにダアワという大規模な団体に発展し、二〇一一年政変後にこのダアワを支持基盤として認可された政党が、ヌール党である。ムスリム同胞団は、近代西洋起源の職業やライフスタイルを受容しつつ、ムスリムのあるべき姿を考える姿勢を基本としている。西洋を排除してイスラームのみによる社会を希求するサラフィー主義は、西洋を受容する同胞団の思想に飽きたらない人々の支持をえて、ムバーラク政権期に急速に拡大したといわれる。

この系統とは別に、イスラーム集団やジハード団もサラフィー主義と呼ばれている。[2] 一月二十五日革命ののち、刑務所から釈放されたイスラーム集団やジハード団のメンバーは、革命後の政党や選挙に参加しようとする者たちと、シナイ半島で活動する過激派に合流して武装闘争を再開する者たちに分かれたといわれる。彼らに関する詳細はいまだに不明であるが、建設発展党は前者から生まれた政党であり、後者はサラフィー・ジハード主義(またはサラフィスト・ジハーディスト)とも呼ばれて区別はされている。しかし、武装闘争を標榜していない前者も、革命直後にはコプト教徒(キリスト教)を襲撃するなど、暴力的

[2] 鈴木恵美『エジプト革命——軍とムスリム同胞団，そして若者たち』中公新書，2013，108～109，116～117頁。保坂修司「イスラーム過激派とアラブ——現代中東の病巣」松本弘編『現代アラブを知るための56章』明石書店，2013，187～192頁。両者は，もともとサイイド・クトゥブに始まるムスリム同胞団急進派の影響を強く受けた者たちによって設立された。それゆえ，大きくとらえれば同胞団からの離反といった経緯で考えることもできる。もちろん，設立当初から同胞団とは異質な集団で，その欧米に対する排外性，攻撃性は比較にならないが，しかしアンサール・スンナやサラフィーの伝道とも思想や立場を異にする存在である。

傾向を示している（サラフィー主義の過激派については後述）。

ムスリム同胞団とこのサラフィー主義によって、エジプトのイスラーム主義は革命後の政界を席巻した。それは続く大統領選挙において、自由公正党のムルシー党首が当選したことを以って、そのピークを迎えたかにみえた。しかし、じつはこの大統領選挙の結果に、次なる大きな変化がすでにあらわれていた。

二〇一二年の大統領選挙は、ムルシーとアハマド・シャフィークの事実上の一騎打ちの様相を呈した。シャフィークは元空軍司令官で、ムバーラク政権の最後の首相を務めた人物である。打倒された旧体制を象徴する人物の一人でありながら、大統領選挙の候補者となり多くの票を集めた。五月の投票における両者の得票率は、ムルシーが二四・七八％でシャフィークが二三・六六％。六月の決戦投票では、ムルシーが五一・七三％でシャフィークが四八・二七％という僅差の結果となった。選挙前、議会選挙では自由公正党と対抗したヌール党および建設発展党がムルシー支持を決めたため、選挙は「世俗対宗教」という対立の構図が鮮明となった。しかし、シャフィークへの投票は世俗主義やリベラルへの支持というよりも、むしろ反イスラーム主義といった意味合いが強い。もちろん、両者は表裏一体の関係だが、議会選挙から大統領選挙にかけての投票行動の変化（イスラーム主義勢力の得票率減少）[3]は、短期間でイスラーム主義への反発や幻滅が生じていたことを示して

[3] 2011年人民議会選挙における自由公正党を中心とする政党連合「エジプト民主同盟」と，ヌール党を中心とする政党連合「イスラーム・ブロック」の得票率の合計は65.3％。2012年諮問評議会選挙における自由公正党とイスラーム・ブロックの得票率の合計は，73.67％であった。

いる。その理由は、全国的な組織力を背景に革命を乗っ取るような傲慢さや、イスラーム国家が体現された場合の禁酒やヴェールの強制といったさまざまな自由の束縛、生活の堅苦しさが忌避されたものと考えられる。

僅差であれ当選したムルシーにより、エジプト史上初のイスラーム主義の政権が樹立された。ムルシーは憲法宣言により軍最高評議会の人事を刷新し、スィースィー陸軍少将を抜擢して軍の掌握に成功した。イスラーム色の強い新憲法案も、二〇一二年十二月の国民投票で承認され、公布された。ただし、この国民投票に関わる投票率三二・九%、賛成六三・八%という数字は、ムルシー政権崩壊後の憲法改正に関わる二〇一四年一月の国民投票の結果とは大きく異なっている。投票率は三八・六%と前者をわずかに上回ったのみで低迷を続けたが、賛成票は九八・一%におよび、前者のおよそ一・五倍に達した。[4] このことから大統領選挙と同じく、国民投票においてもイスラーム主義への賛成と反対が拮抗していたものと考えられる。

失政と司法の政治化

軍を掌握し、新憲法を制定したムルシー政権は、その後に失政、失策を繰

[4] 権威主義体制の時代，大統領選挙で投票率も得票率も99%といった非現実的な数字が発表されていたため，2011年政変後の国民投票や大統領選挙で99%に近い数字がでると，どうしても疑念が生じた。しかし，憲法案の承認や大統領単独候補に対する信任投票もしくはそれに近い大統領選挙の場合，反対の有権者は投票に行かず，その承認や当選が確実な場合は，賛成の有権者ですら投票に行かない傾向が強い。それゆえ，賛成票が大半を占めることはめずらしくなく，その実質的な賛成票は得票率ではなく，投票率にあらわされている(投票率が妥当なものであれば，不正などを考慮する必要はない)。

賛成と反対が拮抗していた2012年エジプト新憲法案に関わる国民投票は，むしろ例外である。2014年エジプト憲法改正国民投票や2011年モロッコ憲法改正国民投票(投票率72.65%，賛成98.46%)，2012年イエメン大統領選挙(信任投票，投票率54.78%，得票率99.80%)，2014年アルジェリア大統領選挙(投票率50.7%，得票率81.5%)，2014年エジプト大統領選挙(投票率47.45%，得票率96.91%)がいわば通常例であり，投票率を基準に民意を判断すべきものである。ただし，2014年シリア大統領選挙(投票率73%，得票率88.7%)については，依然として権威主義体制下での非競合的選挙であるので，結果をそのまま受け入れることはできない。

り返すこととなる。それらは枚挙にいとまがないほどだが、以下におもなものをあげる。経済の再建はどのような政権にとっても難題であり、ムルシー政権はカタルからの援助やIMFからの融資を受け入れ、定石どおりの経済政策をとった。しかし、それと同時に短絡的な分配（給与引き上げ、農民への貸付の返済免除など）を恣意的におこない、苦しい財政をさらに悪化させた。また、軍最高評議会に引き続き刑務所から大量のイスラーム過激派を釈放して治安の悪化をまねく一方、従前からシナイ半島に蟠踞《ばんきょ》するイスラーム過激派への武器流入を黙認し、掃討のために派遣されたエジプト軍に撤退を命じた[5]。また、一九九七年ルクソール事件の現場があるルクソール州の知事に、実行犯が所属していたイスラーム集団のメンバーを任命し、地元などから強い反発を買った。外交面では、長年の懸案であるスーダンとの領土問題（南東地域）で、突然その領有権の放棄に言及して国民を驚かせ、エチオピアがナイル川上流にダムを建設する計画を、エジプトに事前の通告または相談なく一方的に発表したことにより、エジプトの外交的地位低下が露呈して国民のプライドを傷つけた。

ムルシー政権の崩壊は、「世俗と宗教の対立」によって生じたというより

5　エジプトはイスラエルとの単独和平時に，シナイ半島に軍を入れないことに同意した。しかし，過激派の活動が深刻化したため，ムバーラク政権時にイスラエルはシナイ半島へのエジプト軍投入を認めていた。

6「司法の政治化（または司法府の政治化）」（politicization of the judiciary）は，ラテンアメリカの民主化事例から生まれた概念である。民主化過程や体制変革のなかでは，司法府は弱体化する例が多い。そこでは，政府や議会の意向にそった司法判断が示され，司法の政治利用と呼ぶべき状況が生じる。しかし，逆に憲法改正などで司法の独立や司法権限の強化などが進められ，司法が政治に介入して問題の裁定や仲裁をおこなう状況もあらわれた。司法の弱体化であれ強化であれ，司法判断の政治化や司法府の政治活動といった現象がみられた。このため，司法の政治的利用価値が高まる状況，司法の独立にとどまらず司法が一つの政治勢力になる状況，司法が政治的アクターとして強化される状況などを指して，「司法の政治化」と呼ばれるようになった。

　最近では多くの途上国において，選挙や政権の有効性に関わる判断などによる「司法の政治化」が指摘されている。それらは，大きな政治変化がなくても司法の政治的影響力が強まる事例などを含んでおり，その内容は多様なものとなっている。

も、明らかに自滅の結果であったといえる。そして、その自滅を早めたのが司法との対立、闘争であった。ここでは「司法の政治化」[6]という視点から、この時期の政治情勢をまとめてみたい。

もともと、ムバーラク政権期からエジプトの裁判官たちは「判事クラブ」(または司法クラブ)というグループを形成し、政権への監督や牽制を自任していた。その延長線上に彼らは、一月二十五日革命以降は司法の独立の確保を至上命題とし、そのための司法判断を積極的におこなった。軍最高評議会による暫定政権期には、国民民主党の解党命令および同党による支配の手段と化していた地方議会の解散命令を出した。しかし、エジプトにおける「司法の政治化」を決定づけたのは、ムルシー政権との対決であった。

既述のように、最高憲法裁判所は大統領選挙決選投票直前の二〇一二年六月十四日、イスラーム主義勢力が多数を占めた人民議会選挙を無効とし、かつ人民議会から選出された憲法起草委員会も無効とした。これに対しムルシー大統領は、新たな憲法起草委員会を立ち上げる一方、軍最高評議会が解散した人民議会を招集する大統領令を七月八日に発した。これは選挙無効の司法判断を無視するものであり、最高憲法裁判所は七月十日にこの大統領令に対する無効判断をくだした(ムルシー大統領は無効判断を受諾)。

十一月二十二日、ムルシー大統領は司法の掌握をはかる憲法宣言を発出する。その内容は、憲法宣言および大統領令を司法は無効とできない、諮問評議会と憲法起草委員会を司法は無効とできないというものだった。この憲法宣言が発表されると、判事クラブはストと三週間後に迫っていた新憲法案承認のための国民投票の監視業務ボイコットを発表した。また、全国各地でこの憲法宣言に反対し、司法府を擁護するデモが多発した。国民投票一週間前の十二月八日、ムルシー大統領はこの憲法宣言を撤回した。この間、ムルシー大統領と敵対する判決を出させないため、最高憲法裁判所を同胞団メンバー多数が取り囲む事件が発生した。また、ムルシー政権は判事の定年年齢を一〇歳引き下げる法案(七〇歳から六〇歳に変更)を作成した。これにより判事総数の三分の一にあたる三〇〇〇人以上が早期に退職することとなり、政権はその後任に同胞団系の弁護士を任命する予定であったといわれる(ムルシー解任により消滅)。六月二日、最高憲法裁判所は諮問評議会と憲法起草委員会に違憲判決をくだし、双方を無効とした。

ムルシー政権と司法との対立はエスカレートしていったが、その結末はまったく異なる方向から訪れた。

反動と安定志向

ムルシー政権は、辞任要求の署名運動であるタマッルドの拡大とスィースィーに率いられた軍の判断により崩壊した。当時、この政変はクーデターであるか否かが、また次期選挙を待たずにデモによる政治的解決を優先することへの疑念や批判が、議論の的となった。しかし、ここでは世俗と宗教の対立という視点から、その後の展開について考えてみたい。

マンスール最高憲法裁判所長官を暫定大統領とする暫定政府が発足し、本格政権に向けた新たな移行プロセスが軍より発表された。サラフィー主義のヌール党、建設発展党はムルシー政権とムスリム同胞団を見限り、暫定政府に与した。辞任期限の六月三十日から反政府デモと同胞団の衝突が始まり、ムルシー解任後はカイロの二カ所の広場を占拠した同胞団支持者に対する武力鎮圧が八月十四日におこなわれて、政変は一応の結末をみた。この一カ月半の間の死者はおよそ八〇〇人におよび、一月二十五日革命時の犠牲者総数に匹敵した。その後も衝突や弾圧、爆弾テロなどが断続的に続き、二〇一四年八月までの死者累計は一二〇〇人、政府により拘束された者は一万人から四万人と推定されている。

ここで指摘したい問題は、エジプトの事例における「振り子の幅」の大きさである。一月二十五日革命自体はイデオロギー色のない、中立的な政治運動や政治姿勢を示していた。しかし、選挙においてイスラーム政党が勝利すると、イスラーム色の強い新憲法が制定され、ムルシー政権はさまざまな場面でその権力志向をあらわにした。しかし、そのムルシー政権が崩壊すると、今度は反イスラーム主義・反ムスリム同胞団の傾向が如実に強くなる。それは正常化というより、反動による行きすぎに相当するものといえる。

ムスリム同胞団の大量逮捕と裁判、同胞団と自由公正党への活動禁止命令、同胞団のテロ組織指定、イスラーム色を排除し宗教政党を禁止した憲法改正については、すでに述べた。これらのみならず、二〇一四年三月から四月にかけて南部のミニア刑事裁判所は警察署襲撃事件二件に対し、それぞれ同胞団メンバーおよび支持者五二九人と六八三人の死刑判決をくだした。その後、前者の死刑判決は三七人に、後者は一八三人に変更されたものの、ほとんど革命裁判のような様相を呈している。さらに、暫定政府はムスリム同胞団のみならず、一月二十五日革命の活動主体であった若者たちをも取り締まりや弾圧の対象とした。上述した数万人の拘束者は、その多くがこのような若者たちであるとされる。まさに、「振り子の幅」が大きすぎる展開といえよう。

ムスリム同胞団を抑え込み、返す刀で革命参加の若者たちを

◀▲「エジプトのために，スィースィーを大統領に」　2014年5月のエジプト大統領選挙のはるか前から，カイロに掲げられていたスィースィー国防相の垂れ幕。横断幕のものは，ナセル大統領と並べている。

も拘束する姿勢や状況は、暫定政府の実質的な担い手であるスィースィー国防相および軍の意向そのものである。にもかかわらず、二〇一四年の大統領選挙でスィースィーは圧勝した。ムスリム同胞団が選挙をボイコットし、投票率が四七％にとどまったにしろ、選挙自体に大きな不正はみられないため、これが民意であったと判断できる。なぜ、有権者はスィースィーを選択したのか。

その最大の理由は、安定志向であったと考えられる。安定志向という言葉は、前章においてすでに用いている。それは、政権とイスラーム主義勢力との武力衝突や深刻な対立を経験した国民が、政治的混乱や経済の悪化を忌避して既存の権威主義政権を選択することを意味しており、有権者の消極的支持による投票行動の理由の一つとしてあげたものだった。二〇一一年政変の主体となった若者たちは、年齢的にこの時期の武力衝突や社会の低迷を経験しておらず、安定志向を選択する理由をもっていない。二〇一一年政変の発生要因の一つを、若い世代のこの安定志向の欠如に求めることができるかもしれない。

しかし、エジプトの場合は、安定志向をふたたび選択しなければならないような政治経済の深刻な混乱にみまわれた。その混乱を引き起こしたものは、世俗と宗教の対立とそれによって連続的に生じた振幅の大きい極端な政治変化であった。

チュニジアの政治危機

世俗と宗教の対立に関して、エジプトにもっとも近い事例がチュニジアである。チュニジアでは、新憲法の起草でイスラーム主義勢力と世俗主義勢力が激しく対立したことはすでに述べた。しかし、これには補足説明が必要である。ナフダ党が勝利した二〇一一年十月の制憲議会選挙のあとで、チュニジアでもサラフィー主義が顕在化し、それを支持基盤として複数のイスラーム政党が生まれた。いまだ選挙に参加していないので、本書ではイスラーム政党のリスト(三〇頁表2)には加えていないが、憲法起草に関わる論争でイスラーム主義的な主張をおこなったのは、ナフダ党よりもむしろこれらサラフィー主義の政党であった。

ナフダ党はジャスミン革命後に認可された当初から、「われわれは市民政党であって、宗教政党ではない」といった自己規定を喧伝していた。これは、過去の弾圧などからくる警戒感ではなく、イスラーム的な価値を重視しながらも、政治的・社会的自由を保障するリベラルな政治勢力であることをアピールしたものだった。換言すれば、ナフダ党はチュニジア伝統の世俗主義やリベラリズムに、決して反する存在ではないというアピールであった。

チュニジアは独立以降、アラブ諸国でもっとも世俗主義の強い国家体制や社会を築いてきたといわれる。法律によって一夫一婦制を規定し、公共の場所でのヴェール着用を禁止していたことは、よく知られている。これは、ブルギバ・ベンアリ両権威主義体制がイスラーム主義を抑圧してきたことよりも、独立にさいし採用された左派的なリベラリズムが、その後のチュニジアに根づいたことに起因している。ナフダ党は、いわばこのチュニジアの伝統にそったイスラーム政党をめざしている。ところが、サラフィー主義にとって西洋起源のリベラリズムなど、排除すべき害悪にすぎない。

憲法起草では、エジプト憲法などと同様に「シャリーアを法源とする」条項を新たに挿入するか否か、男女平等の規定を変更するか否かなどが大きな争点となった。もちろん、ナフダ党内部にもこれらイスラーム主義的な修正を加えるべきとの立場をとる勢力はいた。ナフダ党は決して一枚岩ではなかったが、党執行部をはじめとする多数派はシャリーアに言及する規定などは必要ないとの判断をとっていた。[7] これに対して、サラフィー主義の政党やその支持者たちはイスラーム主義的な規定を強硬に主張し、ナフダ党を板挟みとしたサラフィー主義と世俗主義の対立は深刻化した。サラフィストは政府支持デモや独自の街頭行動で徒党を組み、威圧的な雰囲気を前面に出して街中を行進した。シャリーアに関わる条項に反対を明言したマズルーキ暫定大統領には、サラフィー主義の過激派であるアンサール・シャリーア(後述)がタクフィール(不信仰者宣言)をおこなった。[8]

7　若桑遼「革命後のチュニジアにおける『サラフィー主義』の伸張」『中東研究』517号(2013.6), 38頁。

8　サラフィー主義によるタクフィールはほかの人物にもおこなわれており，チュニジア新憲法におけるタクフィール禁止条項は，これらが影響したものと考えられる。

しかし、チュニジアのこの政治危機は、二〇一四年六~八月のエジプトの政変以降に収束に向かう。既述のように、いわばエジプトを反面教師として、世俗と宗教の対立による混乱を忌避したものであった。エジプトにおけるイスラーム主義政権の崩壊を目のあたりにし、ナフダ党やサラフィー主義の勢力は妥協や譲歩を示すようになる。チュニジアもエジプト同様に、世俗と宗教の対立が深刻な政治的混乱を生み出していたが、チュニジアの場合はエジプトの展開が教訓や抑止となって、最悪の事態を回避できたということができよう。

ここにあげたエジプトとチュニジアは、世俗と宗教の対立が顕在化・先鋭化した例であり、この対立の構図自体はどのアラブ諸国にも存在する。ただし、宗教と位置づけられる側の人々には、イスラーム主義に対する一定の理解と支持・信奉があろうが、世俗の側で世俗主義者、リベラリストと呼べる者は少数である。より多くは、特定のイデオロギーをもたない人々であるにもかかわらず、彼らがイスラーム主義勢力に反対する姿勢を鮮明にあらわしたことに、大きな意味がある(同じ理由で、彼らが世俗主義の政権に失望し、イスラーム主義支持に転じることも十分にありえる)。世俗と宗教の対立は、実際にはイスラーム主義への支持とイスラーム主義への警戒や嫌悪との対立を意味していよう。それは、イスラーム政党の選挙参加といった通常の政治活動、政治状況のなかで展開される場合もあれば、以下に述べるイスラーム過激派の活動や紛争の内容に関わるものでもある。

イスラーム過激派の再変質

第2章において、イスラーム過激派が自国での活動を断念し、対米ジハードに特化する国際派に転向したと述べた。二〇一一年政変は、このイスラーム過激派に再度大きな変質をもたらした。自国や周辺国での政権崩壊や大きな政治的混乱を目撃した結果、過激派の目的がアメリカからふたたび自国での体制変革(イスラーム国家の建設)にもどったのである。もちろん、国際派に属する過激派らがそのまま自国での活動に移ったのは少数で、実際に活動しているのは新たに参入した若い世代の者たちである。それゆえ活動家は異なるが、イスラーム過激派の性質として、その活動や目的が国外から国内に回帰したという変化がみてとれる。

活動の主体は「アラビア半島のアルカーイダ」(以下AQAP)や「イスラーム的マグリブ諸国のアルカーイダ」(以下AQMI)といった二〇一一年以前からのものももちろんある。しかし、サラフィー主義とされる「アンサール・シャリーア」(シャリーアの支援者)などの新興勢力のほうが、むしろ中心となっている。アンサール・シャリーアは、現在までイエメン・エジプト・リビア・チュニジア・モロッコで存在が確認されている。このうち、モロッコのものは規模が極めて小さく，実際的な影響力はないとされる。それゆえ，モロッコを除いた四カ国について以下に述べる（イラクの「イスラーム国」については後述）。

各国のアンサール・シャリーアは，名称が同じでもそれぞれに独立した組織で，互いに関連はないとされる。また，サラフィー主義の過激派という意味でサラフィー・ジハード主義と呼ばれるが，そもそも両者の境界は曖昧で，各国のサラフィー主義の違いも明確でない。アルカーイダのリーダー，アイマン・ザワーヒリーに忠誠を誓う組織といわれるが，アルカーイダ本体との関係も確認されていない。イエメンの事例にいたっては，少なくとも当初はサラフィー主義と呼ばれたことはなかった。[9] アンサール・シャリーアをはじめとする過激派には不明の点が多いため，本書では各国の状況を並列的に記述するものの，決して同じ問題として扱っているわけではないことを明記しておく。

イエメンでは，政変下の二〇一一年五月にＡＱＡＰが南部の都市を占拠し，周辺にその勢力圏を確保した。のちに都市は政府軍に奪還されたが，地方部の勢力圏は残った。この勢力圏をいわば解放区として支配しているのが，イエメンのアンサール・シャリーアである。当初，それはＡＱＡＰの下部組織または支援組織といわれたが，その後ＡＱＡＰとは別の勢力とみなされている。アンサール・シャリーアの支配下に入った住民の大半は，国内難民として避難したが，残った者たちにはアンサール・シャリーアが食料や各種のサー

9　イスラーム過激派の再変質という問題では，イエメンは例外にあたる。イエメンでは1990年南北統一まで，イスラーム過激派が存在しなかった。旧北イエメン唯一のイスラーム主義勢力であったムスリム同胞団は，政府から庇護を受け自らも政府支持勢力となったため，過激派が生まれる余地がなかった。旧南イエメンは中東で唯一マルクス・レーニン主義を掲げる共産国家で，保守的なウラマーやインテリなどが主としてサウジアラビアに亡命したため，イスラーム主義が成立する基盤自体が存在しなかった。イエメンのイスラーム過激派は，統一以降にサウジアラビアから流入したアルカーイダ系の組織を起源としており，最初から国際派であった。それゆえ，2011年政変後のイスラーム過激派の国内志向は，変質としては初回のものとなる。

ビスを提供している。アメリカ軍は無人機によって過激派を攻撃しているが、誤爆による死者が多く、地元部族に被害が出ると、部族は「血の復讐」(同害報復)をしようとする。無人機はその対象にはならないため、アメリカ軍と同盟しているイエメン政府軍が標的となり、結果的に地方部族の一部とアンサール・シャリーアが連合することになる。これを理由の一部として、政府軍によるアンサール・シャリーア掃討は遅々として進んでいない。

エジプトでは、イスラーム集団やジハード団の残党と目されるイスラーム過激派が、シナイ半島を拠点として活動している。このサラフィー・ジハード主義の勢力に合流して、武装闘争の準備を進めているといわれるのが、エジプトのアンサール・シャリーアである。しかし、ほかのアラブ諸国のアンサール・シャリーアに比して、その組織的実態は不明な点が多い。アンサール・シャリーアよりも、「アンサール・バイト・アルマクディス」(エルサレムの支援者)という組織が、エジプト政府要人などへのテロをおこなっている。

リビアのアンサール・シャリーアは、二〇一一年の内戦中に設立された。内戦後も武装を維持する民兵組織であり、リビア国内の対立や混乱を形成する一勢力である(後述)。二〇一二年九月のベンガジにおけるアメリカ領事館襲撃とそこでのアメリカ大使らの殺害、リビア要人暗殺や各地の聖者廟の破壊などに関与したとされる。しかし、アメリカ領事館襲撃のあと、ベンガジ市民がアンサール・シャリーアの解散を要求するデモをおこない、一部がアンサール・シャリーアの本部を襲撃した。

チュニジアでは、エジプトと同様にジャスミン革命後にイスラーム主義の政治犯などが釈放された。その延長線上に結成されたのが、チュニジアのアンサール・シャリーアである。ただし、これは日常的には集会などの活動をおこなっており、そこでの主張や思想は過激であるが、過激派の組織とはされていない。しかし、二〇一二年九月に発生したアメリカ大使館襲撃事件や各地の聖者廟の破壊などの黒幕とされ、実質的な過激派でチュニジアにおけるアルカーイダであるとの評価がなされる。[10]

このようなイスラーム過激派の再変質とアンサール・シャリーアの活動は、当然ながら各国の民主化の阻害要因であり、治安や政治の安定化に大きな影響を与えている。イエメンでは引き続く国内の混乱・不安定の大きな要因の一つである。エジプトでは、テロ事件や治安問題の原因であると同時に、スィースィー政権成立に結びついた安定志向を生じさせる背景の一つともなった。リビアでは紛争の主体の一つであり、チュニジアでは深刻なテロ事件は生じていないものの、急進的なイスラームの代表として存在し、社会に不安や脅威を与えている。しかし一方で、チュニジアの世俗的な新憲法成立は、サラフィー主義やアンサール・シャリーアの影響力拡大に対する反動の側面が大きいともいえる。

10 これらのほかに，アルジェリア起源のアルカーイダである AQMI がある。この組織はマグリブ諸国の政権打倒のみならず，現在はマリ，ニジェール，モーリタニアなどの周辺アフリカ諸国でのイスラーム過激派への支援など，国境横断的な活動もおこなっている。2013 年 1 月に発生したアルジェリアのイナメナス事件(天然ガス施設占拠および人質殺害)の実行犯も，この AQMI から分派したグループであった。

エスニック紛争への陥穽

シリアの内戦、リビアの国内対立、イラクの「イスラーム国」との戦闘。これらは、いうまでもなく民主化の阻害要因といったレベルの問題ではなく、国家の存立や地域の安定に関わる重大な事態である。しかし、ここでは民主化に関わる政権への批判や政治改革の要求が、いつの間にか宗派紛争や地域間対立に転化してしまった事例としてとらえる。その過程を確認することによって、アラブ諸国の多くにみられる政治変化が紛争化しやすい社会的な脆弱性を指摘したい。この問題については、反政府デモが宗派紛争へと変容したバハレーンの事例も該当する。

シリアの紛争は、当初アラブ各国の政変に呼応した政治的自由化を求めるデモと、それに対する政府の弾圧への抗議であった。ここまでは、二〇一一年政変の多くの事例と大きな違いはない。しかし、アサド政権は少数宗派のアラウィー派(シーア派の一派)を中心としたいわゆる少数派政権であり、反政府デモやその後の武装蜂起の主体が、体制から冷遇・抑圧されてきた多数派のスンナ派住民であったことから、シーア派対スンナ派という宗派対立の構図でみられるようになった。反政府派は、当初からそのような宗派紛争ではないことを繰り返し主張し、シリア国民による独裁体制打倒の運動であると強調した(もちろん政権側も宗派には触れず、テロリストとの戦いであるとした)。しかし、反政府側は結局、宗派紛争ではないシリアにおける新しい性質の政治闘争であることを説明する論理やレトリックを構築できず、その一方で反政府デモは内戦に発展して、アラウィー派政権対スンナ派武装組織との戦いという理解が定着していく。さらに、ヌスラ戦線をはじめとするスンナ派イスラーム主義武装勢力や北部での支配を確保したクルド人勢力の存在が、シリア内戦をエスニック紛争により結びつけた。

リビアの国内対立は宗教宗派や民族ではなく、地域間の対立・対抗関係であるとされる。ここでは、その各地域をエスニック・グループとみなして、問題を整理してみたい。既述のように、リビア内戦は反政府側の勝利に終わり、それはリビア国民による独裁体制の打倒とされた。その後は、新生リビアの国家再建や民主化が目的とされ、制憲議会選挙まで実施された。ところが、内戦時の反政府武装組織は内戦終結後の正規軍への編入や武装解除を拒み、逆に各地に割拠して治安維持という名の支配を続けている。このような状況は、「地域主義」(regionalism)と呼ばれている。その理由は、さまざまな対立が東部と西部との大きな対抗関係のなかに還元され、政府の統治能力が低いために、それによる混乱状態が長期化していることにある。

首都トリポリを中心とする西部(トリポリタニア)と、ベンガジ(リビア王国時代の首都)を中心とする東部(キレナイカ)は、もともと歴史的な対抗意識が強い。カッザーフィー政権期にはトリポリに政治経済の実権が集中し、東部は石油資源が豊富であるにもかかわらず、政権からは冷遇された。二〇一一年政変において、東部のベンガジから反政府デモが生じたことは、これを背景としている。ベンガジがカッザーフィー打倒をリードしたにもかかわらず、内戦後はふたたびトリポリが政治経済の中心を担う態勢となったことも、東部の人々の大きな不満となっている。ただし、地域主義や地方対立といった呼称は、象徴的・便宜的に用いられている面が強い。実際は経済格差や新旧の世代対立、世俗と宗教の対立といったさまざまな社会的亀裂が、地域間対抗軸に重なることによって紛争が増幅されている。

そうしたなか、二〇一四年七月からアンサール・シャリーアがベンガジを、別のイスラーム主義武装勢力がトリポリを攻撃し、両都市の主要部分を制圧した。ベンガジでは、アンサール・シャリーアが「イスラーム首長国」の独立を宣言したと伝えられた。地域主義は、彼らと世俗主義の議会・政府との闘争という世俗と宗教の対立や、自国でのイスラーム国家樹立というイスラーム過激派の再変質と、重なり合う様相を強めている。

イラクは二〇〇三年イラク戦争後の民主化の結果、国内のマルチ・エスニックな状況に対応した政治制度が整えられた。イラクは南部を中心としたアラブ人シーア派、中西部を中心としたアラブ人スンナ派、北部のクルド人に大きく分かれ、おおよその人口比は推定でそれぞれ五〇%、三五%、一五%となっている。各エスニック・グループを支持基盤とした政党がいくつも結成され、選挙や議会などで活動する政党連合もエスニック・グループごとに形成されている。エスニック・グループを横断するような大政党がないため、これまでの政権はシーア派、スンナ派、クルド人の政党連合による連立内閣であり、首相は総選挙で最大の議席をえるシーア派の政党連合から指名されている。しかし、二〇一四年八月まで続いたマーリキー政権は、スンナ派を冷遇したため、中西部の各都市で反政府デモが活発化した。

一方、二〇〇三年イラク戦争以降に駐留アメリカ軍への攻撃を続けたスンナ派のイスラーム過激派は、隣国シリアの内戦にも進出して、一部地域を支配下においた。その後、イラクのスンナ派地域に舞いもどり、スンナ派住民の反シーア派感情や行動に乗じて、二〇一四年六月からイラクの一部地域も制圧した。これが「イラクとシャームのイスラーム国」であり、イラクとシリアにまたがる地帯で「イスラーム国」の独立を宣言した。

イラクの民主化は、三つのエスニック・グループが連立を組むシステムによって国内の安定化をはかったが、結局は連立内のスンナ派が疎外され、その亀裂に過激派が入り込むことによって内戦状態に陥った。

バハレーンには、王族を中心とする約四〇%のスンナ派住民と、約六〇%のシーア派住民との間に大きな社会的格差が存在する。教育や就業などで前者は優遇され、後者には差別的な待遇が与えられる。しかし、二〇一一年政変で真珠広場を占拠したデモ隊は、シーア派が多くを占めながらもスンナ派を含み、宗派を越えたバハレーン国民による汚職追放や政治改革の要求をアピールしていた。けれども、政府による弾圧とその後のシーア派政治団体による王制打倒の主張は、反政府運動からのスンナ派の撤退につながり、バハレーンの政変はスンナ派対シーア派の宗派対立に転化した[11]。

無論、マルチ・エスニックな状況があれば、必ず紛争が生じるわけではない。しかし、中東諸国の多くに民族や宗教宗派に関わる少数派や社会的亀裂の問題が存在し、それがさまざまな場面で噴出することは周知の事実である。リビアを除く三カ国には、とくに「少数派政権」という問題が存在する。シリアはアラウィー派の少数派政権であり、イラク戦争で崩壊したサッダーム・フセイン政権はスンナ派の少数派政権であった。イラク戦争後にシーア派とクルド人が組んでスンナ派を疎外したことには、フセイン政権時代にスンナ派から抑圧された経験が影響していよう。バハレーンは少数派というほど人口比に違いはないが、それでもシーア派には多数派であるのに支配されているという強い不満がある。

これらは、本当に宗派紛争または地域対立なのかという疑問は生じる。しかし、より重要なことは民主化に関わる反政府デモなどが、いとも容易にエスニック紛争にすり替わっ

[11] ほかには，イエメンのホーシー派と南部運動（略称ヒラーク）がある。前者はシーア派の一派であるザイド派のウラマーを中心とする北部の勢力，後者は独立や自治を求める南部の勢力であり，それぞれが中央政府と対立している。イエメンにおけるこの2つの問題も，エスニック紛争ととらえることが可能であるが，これらは2011年政変以前から続く問題であるため，ここには含めなかった。

Column #04

GCC諸国の民主化は可能か

GCC諸国の政治体制・政治制度は、アラブ諸国のみならず、世界的にみても極めて稀有な事例といえる。しかし、憲法だけをみれば、国王に立法権・行政権が属する規定はベルギーなどの西欧王制諸国と同様である。もちろん、西欧王制諸国は長い時をかけて国王を象徴的・形式的存在とする民主化を達成した。国王が、憲法に規定されたとおりの権力を行使するGCC諸国とは比較にならない。けれども憲法の規定を変えずに、運用面だけで民主化を進めた西欧王制諸国の経験は、今後のGCC諸国の民主化の可能性に大きな示唆を与えている。

二〇一一年政変において、オマーンが大きな政治変化をもたらす憲法改正を実施した（第1章参照）。しかし、オマーンではそれ以前から諮問評議会、国家評議会の双方が立法作業に積極的に関わっており、両評議会への立法権付与は現状追認の意味が大きい。

サウジアラビア・カタル・UAEの諮問評議会においても積極的・実務的な立法作業が、すでに重要かつ不可欠な役割をはたしている。これは各国における立法の需要が、政府の立法能力を凌駕するほどに増大しているからである。当初は民主化の「外圧」への対応や国内有力者層の「名誉職」にすぎなかった諮問評議会は、代替わりをへて今や実質的な立法機関に近づいている。憲法や法律を変えなくとも、運用面だけで民主化を進める土壌はすでに整っているのである。

例えば、ヨルダンとバハレーンは国王任命による上院に、普通選挙による下院と同等の立法権が認められていることに批判が集まる。これは、制度的にはイギリスの貴族院と違いがないが、イギリスにはソールズベリー条項という合意(運用)があって、与党のマニフェストに関わる重要な法案には、貴族院は異を唱えないことになっている。これに対し、ヨルダンとバハレーンの上院には、下院における野党優位のさいの抑止力を期待されている面が強い。同様な規定をもつ上院に、正反対の役割が与えられている現実が、西欧王制とアラブ王制の違いを象徴している。しかし、これらは運用の問題であって、法規の問題ではない。

諮問評議会における立法作業の活発化は、国王からの権限付与によるものでも、民衆からの要求によるものでもない。ただ、国家や政府に必要であったから拡充されてきた。権力をめぐる闘争ではなく、必要に即した職掌やその権限の分担が非公式なものから、やがて公式なものになっていくという民主化も、ＧＣＣ諸国には想定されうるのではないかと思う。

ていく政治環境である。そのようなエスニック・グループに関わる政治的不安定性は、二〇一一年政変にさいしても大きく作用してしまった。

本章で述べた世俗と宗教の対立、イスラーム過激派の再変質、エスニック紛争への陥穽は、各対象事例国において異なる組み合わせで重なっている。シリアとリビアではこれら三つがすべて重なっており、エジプト・チュニジア・イエメンでは世俗と宗教の対立とイスラーム過激派の再変質が重なっている。イラクではイスラーム過激派の再変質とエスニック紛争への陥穽が重なり、バハレーンだけがエスニック紛争への陥穽のみの事例となっている。

二〇一一年政変後に情勢が悪化した事例について、その原因をこれだけに求めるわけにはいかない。しかし、これら三つの側面が相互作用を起こして、混乱や衝突をまねいたことは否定できない。

第4章　民主化の評価と課題

民主化プロセスの「波」

筆者は序文において、民主化プロセスには民主化が進行する場面と後退する場面が繰り返される「波」があり、その「波」の形態や背景を把握する作業は、民主化の多様性の確認と事例間の比較の双方に有効な手立てになりうると述べた。この視点にそって、アラブ諸国のなかでとくに「波」が大きかったエジプト・チュニジア・リビア・シリアの事例につき、最初に考察したい。

二〇一一年政変によって体制が崩壊したエジプト・チュニジア・リビア、内戦に陥ったシリアの四カ国は、二〇一一年以前においてアラブ諸国のなかでもとくに権威主義的傾向の強い国々であった。非競合的選挙を続け、かつイスラーム政党を禁止していたのは、この四カ国のみであり、政変が体制崩壊や内戦に発展したのはその反動といえる。これを、四事例において「波」が大きかった第一の要因としたい。第二の要因は、世俗と宗教の対立が深刻化・先鋭化したことである。エジプトやチュニジアは、イスラーム主義と世俗主義が交互に優勢となるような展開を示したため、「振り子の幅」という表現を用いた。しかし、シリアとリビアでは世俗主義とイスラーム主義との武力闘争という状況を含んでいる。事例により内容は異なるが、世俗と宗教の対立が二者択一的な選択に突き進むと、当然ながら大きな反動の繰り返しを生じさせる。その意味で、二〇一三年七月のエジプト・ムルシー政権崩壊を契機に、世俗主義とイスラーム主義の勢力が歩み寄りをみせたチュニジアの事例は、今後のあるべき方向性の一つを示している。

第三の要因は、行政実務能力の欠如である。権威主義体制の長期化により、既存の政権に行政実務能力が独占されることは、第2章ですでに述べた。これは、有権者の消極的支持という投票行動の理由の一つとしてあげたものだが、そこで政変により政権が崩壊すると、行政の空白が生じてしまう。これに該当するのは、リビアとムルシー政権期のエジプトである。行政を担えるだけの人材が政府内におらず、国家再建に必要な各種の政策がまったく機能しない状況は、政治的混乱を助長させて「波」の振幅を大きくさせる。

第四の要因として、エスニック紛争への転化が考えられる。これに該当するのは、内戦のシリアとそれに近いリビアであるが、両国はすでに民主化の議論の枠をこえた事態となっている。イラクも同様な状況に直面しており、エスニック紛争を民主化の「波」の問題として扱えるのは、バハレーンの事例のみといえよう。武力の行使が常態化したエスニック紛争の場合は、もはや民主化ではなく紛争解決の問題となる。

一方、エジプトとチュニジアに関しては、今後の選挙におけるイスラーム政党の勝敗が、ひとつの焦点となろう。第2章において、モロッコを唯一の例外として、イスラーム政党は最初に参加した選挙では強いが、それ以降は敗退を続けたと述べた。エジプトではムルシー解任が生じ、チュニジアでは新憲法制定が遅れたため、まだ二回目の総選挙がおこなわれていない。二〇一一年以前からイスラーム政党が選挙に参加していた国々の上記傾向が、二〇一一年政変以降にもあてはまるのであれば、今後イスラーム政党は選挙のたびに議席を減らすことになる。そうなった場合、ムスリム同胞団であれサラフィー主義であれ、イスラーム政党はその結果を甘受できるのか。それとも、選挙以外の場に闘争を移すのか。その判断は、その国の「波」を左右することになる。

エジプト・チュニジア・リビア・シリア以外の事例は、相対的に「波」が小さいか、もしくは政変や政治変化を民主化とは評価できないかのどちらかである。前者の例としてあげられるのは、残念ながらモロッコ、オマーンのみであり、そのほかは民主化とまでは評価できない。モロッコ、オマーンは「波」が小さかったからといって、その民主化が不十分であったわけではない。むしろ、事態が深刻化せずに一定の効果をあげた事例として、多くのアラブ諸国で民主化の評価が困難であったのは、第2章で述べた一九九〇年代を中心とする過去の諸事例も同様であった。既述した構造調整と民主化との関係は、ラテンアメリカの事例から始まったものである。ラテンアメリカ諸国でリスケ宣言があいついだ結果、ＩＭＦ・世銀は構造調整という対策を整備して、それら諸国の政府と経済再建に着手した。当時の政府はクーデタ後の軍事政権であったが、構造調整受け入れと前後して各国で民政移管が続いた。当時、これは軍の専門化や「バラック(兵舎)に帰る」などと表現された。それは、軍が政治の世界から撤退するのみならず、企業経営などの経済活動も放棄して、軍本来の国防などの職務に専念することを意味していた。

翻ってアラブ諸国の場合は、構造調整を受け入れなければならない経済の悪化をまねきながら、既存の政権は責任をとらず、それどころか政権の維持に策を弄し、その延命に成功した。軍もまた、構造調整による新たな分配の主要な対象となり、その経済活動や経済利権を逆に拡大させていく。これらが成功した原因には、イスラーム主義勢力との武力衝突といった地域に特有の問題がある。しかし、それらを勘案してもなお、中東における「民主化の不在」が各方面から批判され、それはやがて民主化に関する「中東例外観」の定着につながっていった。

二〇一一年政変がこの「中東例外観」を打破するほどのものであったか否か、評価は非常に難しい。第3章冒頭で記した、特定の政治的目的をもたない、過去の清算をともなう「下からの民主化」を、筆者は高く評価している。しかし、その後に情勢が悪化した諸事例をみると、全体としてはいまだ「例外」とみなされてもいたし方ない状況といえるだろう。

これに関して、エジプトの事例を入り口に二〇一一年政変のさまざまな特徴や課題を列記して、今後の研究や評価のための材料や側面を確認しておきたい。エジプトを選んだ理由は、アラブ随一の大国であることを背景に、二〇一一年政変に関わる多くの特徴や変化を一国で経験していること、さらに過去の民主化においては「先行事例」としての役割をはたしたが、二〇一一年政変では逆に「反面教師」としての役割を示している側面が存在するからである。

エジプトは典型か、例外か

エジプトの事例は成功例なのか、それとも失敗例なのか。本書は民主化の「波」という視点をとっているため、ある時点における状況を成功や失敗で評価することはしない。そのかわりに、現時点まで積極的に評価できる側面、消極的に評価すべき側面、判断が難しい側面が、どれほどあるのかを確認してみる。

まず、積極的に評価できる点は、憲法の起草や改正、議会選挙・大統領選挙の実施である。憲法は軍最高評議会による暫定のものも含めれば、三つ制定している。選挙はのちに無効とはなるものの議会選挙を二回、大統領選挙も二回実施している。憲法改正や選挙を繰り返すことは、それだけで政治的混乱を意味している。しかし、エジプトはそれが必要となれば、とにかくもそれができる国であるといえる。ほかの国々では、憲法の起草や選挙の実施に困難をともなっている。その困難は、さまざまな問題や政治的対立とともに、長く続いた権威主義体制などを背景として、その作業のための経験に乏しいという実務的な制約にも起因している。エジプトも権威主義体制が長かったが、憲法や選挙に関しては実務面での経験や能力に恵まれた国家であると評価できよう。

消極的な評価としては、第一に既述の世俗と宗教の対立が指摘できる。ムルシー政権の暴走や傲慢さ、ムルシー解任後の暫定政権によるムスリム同胞団の再非合法化、宗教政党の禁止、革命参加の若者にまで拡大する抑圧政策。これらは極端な政権ばかりが成立し、その中間に位置するようなバランスのとれた政権が、なぜできないのかという疑問と批判を生じさせる。これが「波」のなかの過渡期ということであれば、今後に期待をもつことも可能であろうが、振幅の激しい政治変化は多くの政治アクターに禍根を残すため、むしろ今後の展開に不安や懸念を与えてしまう。

これと関連する第二の側面は、サラフィー主義の政治的影響力拡大である。ムスリム同胞団のような西洋との調和を理念に含むイスラーム主義よりも、西洋いっさいを拒否するサラフィー主義のほうが、世俗と宗教の対立という場面では危険性の高い政治アクターとなる。エジプトやチュニジアでは極端な立場をとる政治勢力だが、シリア・リビア・イラク・イエメンでは戦闘中の武装勢力となっている。エジプトのシナイ半島(サラフィー・ジハード主義)、イエメンの南部(アンサール・シャリーア)、シリアの東部(ヌスラ戦線)、イラク・シリアにまたがる一帯(イスラーム国)、リビアのトリポリおよびベンガジ(アンサール・シャリーア)は、サラフィー主義の勢力圏として確立されてしまっている。

エジプトの場合は、ムルシー解任のさいにヌール党などが暫定政権に与したため、現在は政権サイドにサラフィー主義の勢力が加わっている。私見では、政権や世俗主義の勢力が手を組むことができるイスラーム主義勢力はムスリム同胞団であって、決してサラフィー主義ではない。しかし、同胞団は組織の規模やその政治的、社会的影響力が極めて大きいので、どうしても政権や世俗主義の勢力のライバルになってしまう。ムスリム同胞団を排除・抑圧する傾向が強い現在、各国のサラフィー主義はどのような政治アクターとなるのか、政権や周囲の政治勢力はサラフィー主義にどのような対応をとるのか。その選択を誤った場合、深刻な対立や混乱が生じる可能性が大きい。

続いて、判断が難しい側面として、司法の政治化と安定志向があげられる。エジプトにおける司法の政治化に対する評価は、現時点ではほぼ不可能である。まず革命当初の司法府が通常の訴訟として与党の解党命令を出し、法の手続き論に依拠して人民議会選挙の無効を判断したのか、それとも最初から司法府による政治判断・政治活動を自任していたのかが不明である。司法府の意図がどちらにあったのかによって、評価は大きく変わってしまうので、この間の事情については論述をひかえる。

しかし、ムルシー政権成立後の司法は、明らかにイスラーム主義の政権に対抗して、その抑止をはかる姿勢をとっている。これは世界的な「司法の政治化」現象のなかでも、より積極的な政治介入の部類に入るだろう。けれども、これが司法府として望ましい姿勢であったか否かは、判断が分かれる。それは、当時の政治状況やムルシー政権崩壊という結果をみれば、とくにエジプト国民から積極的に評価されることとなる。一方、司法の独立に関わる一般的な理解や法学・法思想からの視点では、やはり行きすぎた政治介入という消極的な評価を受けざるをえない。

最後の安定志向についても、積極的な側面と消極的な側面の双方がある。安定志向にもとづく投票行動は、その動機や目的にそって選挙後の安定政権につながる可能性が高い。

混乱から安定への移行という意味では、望ましい展開である。しかし、そのさいに選択される政権や政治勢力は、強権や強制力で反対勢力または不安定要素を抑え込む、権威主義的な側面を少なくともある程度はもつものとなる。これはエジプトにかぎらず、世界規模での多くの事例でみられる。もちろん、民主化による安定が理想であり目的であるのだが、民主化による混乱が生じた場合は、その後に安定志向による強権的な政権が成立するパターンも少なくない。しかし、それが競合的な選挙による民意の反映であるならば、そのこと自体を否定または批判することはできない。

エジプトは、憲法改正や選挙に関わる実績およびサラフィー主義の影響力拡大、安定志向による投票行動といった側面では、二〇一一年政変での典型例と評価できる。しかし、極端すぎる世俗と宗教の対立や政権内サラフィー主義勢力の存在、司法の政治化という側面は例外に属し、ほかのアラブ諸国からは反面教師のような展開や内容として理解された。

民主化と「公正な分配」

例えば、世俗主義にもとづく政党とイスラーム主義にもとづく政党が二党制（二大政党制）を形成し、競合的な選挙で政権交代を繰り返すような展開は、アラブ諸国では可能なのか。また、さまざまな組み合わせの世俗政党とイスラーム政党の連立が示されるような展開は、アラブ諸国ではみられないのか。民主的な制度と運用の構築だけでは、おそらくこれは実現しない。

過去の民主化と二〇一一年政変をあわせて考えてみると、政治変化の深層に位置するもっとも重要な問題の一つは、「分配」であったと評価できる。過去における国民生活全般への一律的な分配は、財政と経済の破綻を引き起こし、民主化と構造調整の受け入れをもたらした。しかし、構造調整の資金とそれに関わる権限は、政権の維持に活用される利権と化し、政権支持層の拡大・強化のための新たな分配が成立した。このいびつな分配こそが、二〇一一年政変の反政府デモによって不正と糾弾された、さまざまな汚点の元凶であった。二〇一一年政変により、このいびつな分配は解消された。そして今、深刻な混乱を続ける国々では、分配自体が失われたままとなっている。

構造調整やグローバリゼーションが経済の自由化を推《お》し進めても、途上国において分配はなくならない。それは、国家と社会の維持に必要不可欠なものである。問題はその分配を、いかに公正なものとするかということにある。公正な分配の実現には、多大な困難がともなう。まずは、政権が分配を政治的に利用しないことが大前提だが、これは途上国のみならず先進国でも難しい。加えて途上国では、構造調整が求める自由化との折り合いをつけなければならない。さらに現在の分配には、過去にはない複雑な状況がある。途上国においても、すでに格差社会が存在しており、過去のような補助金や雇用などによる一律的な分配では、却って不公正が拡大してしまう可能性がある。貧困層に効率的に行きわたる分配が必要であるが、税収の確保と社会保障への割り当てが決して十分ではない途上国では、その実現性は低い。

しかし、どこまで実現できるかは状況しだいとしても、あらゆる政権や政治勢力にとって、「公正な分配」をめざすことが当然であるといった国家と社会にならないかぎり、持続的で安定した民主化は生じない。同時に、民主化が進まないかぎり、公正な分配をつくることも、分配の公正さを選挙やそのほかの手段によって監督・維持することもできない。民主化と公正な分配が表裏一体となって、政治と経済に好循環をもたらす展開が、めざすべき方向であるといえる。

本書では、紙数の制約からGCC諸国の制度解説をコラムで扱ったが、本来は一章をさくべきテーマと内容のものである。また、アラブ諸国とともに中東を構成するトルコ・イラン・イスラエルも、選挙と政党に関わる制度・運用の問題や宗教政党などに関して、非常に興味深い事例となっている。これらの国々を加えた「中東の民主化」に関わる問題の整理を、次の機会までの筆者の課題としたい。

【追記】

本稿脱稿(二〇一四年九月)後、以下の二カ国で選挙が実施された。

〈チュニジア〉 二〇一四年十月二十六日、新憲法下での議会選挙がおこなわれた。定数二一七議席のうち、世俗主義勢力を糾合した新党「チュニジアの呼びかけ」が八六議席(得票率三七・五六%)を獲得して第一党となり、イスラーム政党のナフダ党は一六議席減の六九議席(得票率二七・七九%)で第二党に後退した。同年十一月二十三日、大統領選挙がおこなわれ、チュニジアの呼びかけ党首のバージー・カーイド・スィブスィー(ベンアリ政権期の議会議長、二〇一一年暫定政権の首相)が得票率三九・四六%で一位、ムハンマド・ムンスィフ・マルズーキー暫定大統領が得票率三三・四三%で二位となった。一位の得票が過半数に達しなかったため、両名による決選投票が十二月二十一日におこなわれ、スィブスィーが得票率五五・六八%で当選した。

〈バハレーン〉 任期満了にともなう下院選挙が、二〇一四年十一月二十二日(小選挙区での第一回投票)および二十九日(一位の得票が過半数に達しなかった選挙区での上位二名による第二回投票)におこなわれた。シーア派政治団体のウィファークは、選挙をボイコットした。定数四〇議席のうち、国王支持派の無所属が二三議席を獲得した。

参考文献

石黒大岳『中東湾岸諸国の民主化と政党システム』明石書店、二〇一三年
イスラーム地域研究東京大学拠点「中東・イスラーム諸国　民主化データベース」http://www.l.u-tokyo.ac.jp/~dbmedm06/
伊能武次『エジプトの現代政治』朔北社、一九九三年
私市正年「マグリブ諸国のイスラーム主義運動――社会的背景と組織の実態」『国際問題』四一一号、一九九四年
岸川毅・岩崎正洋編『アクセス地域研究1　民主化の多様な姿』日本経済評論社、二〇〇四年
小杉泰『現代イスラーム世界論』名古屋大学出版会、二〇〇六年
小杉泰『九・一一以後のイスラーム政治』岩波書店、二〇一四年
酒井啓子編『〈アラブ大変動〉を読む――民衆革命のゆくえ』東京外国語大学出版会、二〇一一年
酒井啓子編『中東政治学』有斐閣、二〇一二年
鈴木恵美『エジプト革命――軍とムスリム同胞団、そして若者たち』中央公論新社、二〇一三年
武田康裕『民主化の比較政治――東アジア諸国の体制変動過程』ミネルヴァ書房、二〇〇一年
土屋一樹編『中東地域秩序の行方――「アラブの春」と中東諸国の対外政策』アジア経済研究所、二〇一三年
恒川惠市編『民主主義アイデンティティ――新興デモクラシーの形成』早稲田大学出版部、二〇〇六年
長沢栄治『エジプト革命――アラブ世界変動の行方』平凡社、二〇一二年
日本比較政治学会編『現代の宗教と政党――比較の中のイスラーム』早稲田大学出版部、二〇〇二年
日本国際問題研究所編『湾岸アラブと民主主義――イラク戦争後の眺望』日本評論社、二〇〇五年

福富満久『中東・北アフリカの体制崩壊と民主化――MENA市民革命のゆくえ』岩波書店、二〇一一年
松本弘「アラブ諸国の政党制――民主化の現状と課題」『国際政治』一四一号、二〇〇五年
松本弘編『中東・イスラーム諸国　民主化ハンドブック』明石書店、二〇一一年
松本弘編『現代アラブを知るための五六章』明石書店、二〇一三年
水谷周編『アラブ民衆革命を考える』国書刊行会、二〇一一年
若桑遼「革命後のチュニジアにおける『サラフィー主義』の伸張」『中東研究』五一七号、二〇一三年
Ayubi, Nazih N., *Over-stating the Arab State: Politics and Society in the Middle East*, London: I. B. Tauris, 1995.
Baaklani, A., G. Denoeux and R.Springborg, *Legislative Politics in the Arab World: the Resurgence of Democratic Institutions*, Boulder: Lynne Rienner, 1999.
Bokhari, Kamran and Farid Senzai, *Political Islam in the Age of Democratization*, New York: Palgrave Macmillan, 2013.
Bradley, John R., *After the Arab Spring: How Islamists Hijacked the Middle East Revolts*, New York: Palgrave Macmillan, 2012.
Brynen, Rex, B. Korany and P. Noble（eds.）, *Political Liberalization and Democratization in the Arab World*, 2 vols, Boulder: Lynne Rienner, 1998.
Brynen, Rex , Pete W. Moore, Bassel F. Salloukh and Marie-Joëlle Zahar, *Beyond the Arab Spring: Authoritarianism & Demo-cratization in the Arab World*, Boulder: Lynne Rienner, 2012.
Deegan, H., *The Middle East and Problem of Democracy*, Buckingham: Open University Press, 1993.

Diamond, L., M.F. Plattner and D. Brumberg（eds.）, *Islam and Democracy in the Middle East,* Baltimore: The John Hopkins University Press, 2003.

Diamond, Larry and Marc F. Plattner（eds.）, *Democratization and Authoritarianism in the Arab World,* Baltimore: Johns Hopkins University Press, 2014.

Ghadbian, N., *Democratization and the Islamist Challenge in the Arab World,* Boulder: Westview Press, 1997.

Hamad, Mahmoud and Khalil al-Anani（eds.）, *Elections and Democratization in the Middle East: the Tenacious Search for Freedom, Justice, and Dignity,* London: Routledge, 2014.

Hamdy, Iman A.（ed.）, *Elections in the Middle East: What Do They Mean?,* Cairo: Cairo: Tem American University in Cairo Press, 2004.

Huntington, Samuel P., *The Third Wave: Democratization in the Late Twentieth Century,* Norman: University of Oklahoma Press, 1991.（サミュエル・ハンチントン（坪郷實、中道寿一、薮野祐三訳）『第三の波――20世紀後半の民主化』三嶺書房、1995年）

Ibrahim, Saad Eddin, *Egypt, Islam and Democracy: Twelve Critical Essays,* Cairo: the American University in Cairo Press, 1996.

Ibrahim, Saad Eddin and Kay Lawson, *Political Parties and Democracy: Volume V the Arab World,* Santa Barbara: Praeger, 2010.

Joffé, George, *North Africa's Arab Spring,* London: Routledge, 2013.

Korany, Bahgat and Rabab El-Mahdi, *Arab Spring in Egypt: Revolution and Beyond,* Cairo: The American University in Cairo Press, 2012.

Larémont, Ricardo René (ed.) , *Revolution, Revolt, and Reform in North Africa: The Arab Spring and Beyond,* London: Routledge, 2014.

Matthiesen , Toby, *Sectarian Gulf: Bahrain, Saudi Arabia, and the Arab Spring that wasn't,* Stanford: Stanford University Press, 2013.

Norton, A.R. (ed.) , *Civil Society in the Middle East,* 2 vols, Leiden: E.J. Brill, 1995, 1996.

O'Donnell, G. 〝Delegative Democracy〟 , *Journal of Democracy,* 5-1, January 1994:55-69.

Owen, Roger, *State, Power and Politics in the Making of Modern Middle East,* 3rd ed. London: Routledge, 2004.

Sadiki, L., *The Search for Arab Democracy: Discourses and Counter-Discourses,* New York: Columbia University Press, 2004.

Sadiki, L., *Rethinking Arab Democratization: Elections without Democracy,* Oxford: Oxford University Press, 2012.

Sadiki, L., and H. Wimmen and L. Al Zubaidi (eds.) , *Democratic Transition in the Middle East: Unmaking Power,* London: Routledge, 2012.

Salamé, G. (ed.) , *Democracy without democrats? : The Renewal of Politics in the Muslim World,* London: I B Tauris, 1994.

Salih, M.A. Mohamed (ed.) , *Interpreting Islamic Political Parties,* New York: Palgrave Macmillan, 2009.

Slater, Dan. 〝Democratic Careening〟 , *World Politics,* 65–4, October 2013: 729–763.

Tibi, Bassam, *The Shari'a State: Arab Spring and Democratization,* London: Routledge, 2013.

図版出典一覧

筆者提供	*62, 82*
時事通信フォト	カバー表, 裏

松本 弘（まつもと ひろし）
1960年生まれ。
英マンチェスター大学文学部中東学科博士課程修了。Ph.D.取得。
専攻：エジプト近代史，イエメン地域研究，中東の民主化。
現在，大東文化大学国際関係学部教授。
主要著書：『現代アラブを知るための56章』（編著，明石書店2013），『中東・イスラーム諸国　民主化ハンドブック』（編著，明石書店2011），長谷川雄一・金子芳樹編『現代の国際政治　第3版』（共著，ミネルヴァ書房2014），酒井啓子編『中東政治学』（有斐閣2012）。

イスラームを知る23
アラブ諸国《しょこく》の民主化《みんしゅか》　2011年政変《ねんせいへん》の課題《かだい》
2015年2月20日　1版1刷印刷
2015年2月28日　1版1刷発行
著者：松本《まつもと》 弘《ひろし》
監修：NIHU（人間文化研究機構）プログラム
イスラーム地域研究
発行者：野澤伸平
発行所：株式会社 山川出版社
〒101-0047　東京都千代田区内神田 1-13-13
電話　03-3293-8131（営業）8134（編集）
http://www.yamakawa.co.jp/
振替 00120-9-43993
印刷所：株式会社 プロスト
製本所：株式会社 ブロケード
装幀者：菊地信義
 ISBN978-4-634-47483-3